珍本医书提要

裘诗庭　编

中医古籍出版社

图书在版编目（CIP）数据

珍本医书提要/裘诗庭编．－北京：中医古籍出版社，2010.4
ISBN 978－7－80174－809－6

Ⅰ.①珍…　Ⅱ.①裘…　Ⅲ.①中医典籍－内容提要
Ⅳ.①Z89：R2

中国版本图书馆 CIP 数据核字（2010）第 011081 号

珍本医书提要
裘诗庭　编

责任编辑　郑　蓉
封面设计　天水工作室
出版发行　中医古籍出版社
社　　址　北京东直门内南小街 16 号（100700）
印　　刷　北京金信诺印刷有限公司
开　　本　850mm×1168mm　1/32
印　　张　8.5
字　　数　162 千字
版　　次　2010 年 4 月第 1 版　2010 年 4 月第 1 次印刷
印　　数　0001～3000 册
ISBN　978－7－80174－809－6
定　　价　16.00 元

前　言

先父裘吉生先生是一代名医，也是藏书家和出版家。

先父锐志研究中医学术，大量收藏中医珍本古籍。先父认为，要弘扬中医事业，必须流通珍本医药书籍。因此不惜自资、不辞辛劳将所搜集的未刊稿本、仅存孤本、精抄秘本、罕见善本等编成丛书陆续出版发行。

西风东渐，中医事业处于存亡危急之秋。先父以复兴中医为己任，大量搜集、编辑、刊印、流通中医珍本古籍，意义尤非寻常。

先父编书有一惯例，所编丛书的每种卷首，皆列提要一篇，多为先父手撰。每篇虽一二百字，但钩元提要，概况无遗，且辩论精辟，考证审详，读之已可概全书精华，知其求舍。

为使临床医生和医史文献工作者便于了解中医珍本古籍的概况，笔者汇集了先父所编《三三医书》、《珍本医书集成》、《珍本医书集成续编》、《皇汉医学丛书续编》等丛书的珍本提要而辑成一册，定名为《珍本医书提要》。

中医古籍，浩如烟海，终身读之，犹不能尽。尤其是现今快节奏、加速度前进的时代更难有时间通读古籍。因此，笔者所编撰的中医珍本提要集，使读者一册在手，即可快捷地阅读366种珍本的概况，实称方便。

更有其因，先父所编的《珍本医书集成续编》、《皇汉医学丛书续编》在当年编定付梓后遭遇沪战影响，丛书书稿皆毁于战火。先父收藏的许多珍本古籍也被日寇掠走。所以，已编入

《珍本医书集成续编》和《皇汉医学丛书续编》的珍本医书国人已不复能见。但这些珍本的提要尚存，读者只要阅读《珍本医书提要》，即可以得见已毁珍本的作者介绍和内容概况，当有益于对中医文献的了解。

笔者是先父惟一继承了中医的后人，在编纂本书过程中对当年先父主编诸丛书时为各种珍本所撰写的提要细加校勘，并用现代句读法作了标点。但对文字和句式皆未作变动，以保存原撰之面目。

本书分六编。第一编概述了先父裘吉生先生搜集、编辑、出版珍本医书史实及其意义。第二编至第五编辑录已编入丛书的珍本提要。第六编附录，辑入相关的一些医文和影印件。

裘诗庭

2009 年 3 月

裘吉生（1873～1947）

孙中山先生为裘吉生题词（1916 年 8 月）

目　录

第一编　裘吉生与珍本医书

裘吉生名庆元字吉生，系一代名医、藏书家、出版家、教育家、医事活动家。

（一）

裘吉生年少时因弟妹众多，家境不裕，不能供读举子业，十六岁在原籍绍兴的乾泰钱庄内当学徒。晚清时期老百姓生活非常贫困，卫生条件更是无从提起。肺痨病流行，街头巷尾，很多人死于肺痨晚期。裘吉生也患了肺痨病，至十八岁时已是肺痨病第三期，即是最严重的病危状态。父母为他延请医生，来诊治的医生皆婉言回绝，认为已经没有了治愈的希望。

年青的裘吉生不甘病殁，以在钱庄当学徒所得之微薄月薪积蓄从书店购买了《本草纲目》和其他中医书籍。他在家一边闭门静心养病，一边认真读医药书籍。常常爱不释手，每至深夜甚至掩灯读到天明。他捡诸医生为他处方的药味对照《本草》书籍以了解其疗效所在。又根据自己的病情，明确哪一味药对症而疗效显著，然后集成方剂以自疗。最后试用中药甘寒滋养的方剂并结合灸治的方法来治疗自己的病症。

裘吉生专心学习刻苦钻研，而且认真总结试治中的经验体会。通过对症治疗，他的病竟慢慢有了好转。到十九岁时他已通过自学自疗用中医中药治愈了自己的肺痨病。他不但通过慢慢摸索治好了自己的病，而且由于亲身实践，有了直接的心得体会，完全依靠自学成了医生。他为患有疾病、前来找他诊疗的亲友和乡邻们治病。由于辨证准确，用药得当，愈者日多，声誉渐播。后来他就在居住处正式行医。

裘吉生好学爱读书，平日应诊之暇手不释卷。他记忆力特强，但仍重读精读，决不浅尝即止。尝曰："书不怕百读，只怕不读。"又云："多读一人之书，即多有一人经验。""人云学无止境，我云医学更无止境"。

裘吉生不但读书逾万卷，而且善读书，既不走马观花，亦不死啃牛角。先生曾说："读者必须知其章节，明其句读。知章节，可以提纲挈领。明句读，即知内容意义。""非但原文须逐字推敲，即注释也不能忽视。""吾人读书必须望文生义，举一反三。读古经书尤不可不旁引博采，以资考证。"

裘吉生爱书，尤酷爱医书。每遇中医药古籍，往往倾家资购得。

绍兴人文荟萃而仕进有限，且绍兴山水赋予绍兴人精明能干善于谋划，因此当年绍兴人常去各地充任"幕府"，即当"师爷"。师爷是明、清两朝各级主官私聘的顾问，参与机密，襄理公务，对政治、军事、司法、经济起举足轻重的作用。主官对他们尊若上宾，称为"老夫子”，待以师礼。而府内胥吏、仆役则尊称他们为“师老爷”。“师爷”之名遂由此而来。绍兴是出师爷最多的地方，绍兴幕宾几乎遍布全国。裘吉生即委托这些游幕各省的绍兴同乡以重金购买中医药书籍，或委托抄寄各地书目再汇款陆续收购。

（二）

19 世纪末年，清廷腐败，国弱民穷。清政府对外屈膝丧权辱国，对内残酷剥削压迫。于是有志之士纷纷起来寻求革命，密谋推翻满清统治，光复中华。裘吉生当时正是热血青年，跟徐锡麟、陶成章、秋瑾、蔡元培等革命志士相识，加入光复会（后又转入同盟会），誓志光复。1907 年，徐锡麟、秋瑾相继被害，裘吉生亦在清廷通缉的黑名单上。1908 年，裘吉生奉同盟会组织安排，去东北伪装从事洋务。他们以办公司办实业为掩护，为同盟会筹集活动资金，继续发展民族革命。到东北后与同情中国革命事业的日本人合作设立“清和公司”。公司由光复会、同盟会会员俞英崖任总理，日本代理人原口文一任副理，裘吉生任襄理。裘吉生在奉天、铁岭等地又大量收购散在的中医药书籍。因为与日方合作，裘吉生有机会结识了一些日本知名人士，其中亦有医药界人士。于是裘吉生委托他们在日本代购汉医书籍，获得了很多流入东瀛的中医药文献和日本出版的皇汉医药书籍。其中不少是稀有珍本、独传秘本、绝版名作。

辛亥革命后，清廷虽已被推翻，但是军阀逞强。张作霖在东北称兵作乱，袁世凯窃国倒行逆施，裘吉生和其他人士条陈革命大计均未得采行。目睹官场腐朽，裘吉生决意誓不做官，愤归故乡，悬壶济人。

1914 年，裘吉生回到绍兴，在上大路开设了“裘氏医院”。裘吉生深知要继承和发扬中医事业，必须精研医书。于是不惜重金千方百计蒐集医药古籍。尤其是孤本、精刻本、稀有本、未刊稿等，更是竭尽全力，务在必得。先生曾说：“当时因蒐求一书，有费时累年，费银四五百金者。要皆海内不可多得之书，其中土已佚者，往往从日本求得之。”(《珍本医书集成》凡例）先生悉心蒐集中医珍本古籍，并颜其藏书楼为“读有用书楼”，藏书盖有“读有用书楼藏书之章”及“绍兴裘氏”两印章。在 1937 年 7 月抗日战争全面开始之前，裘吉生已是中国中医药古籍最多的藏书家了。

（三）

裘吉生搜集医药古籍，并非自珍自秘，更不是自私其子孙。

我国旧时医家，多守秘方。得一旧刻孤本或前人佚稿，便矜为世宝。久而久之，孤本成为绝本，佚稿竟至亡稿。故凡孤本佚稿，刊印流通，不可或缓。

绍兴名医、中医古籍藏书家曹炳章先生在《珍本医书集成》曹序中说："尝考上古时代，文字未创，农黄医学，师生口传。至仓颉制字，而有手录传本。自唐始有雕版，而医书亦多系抄本。宋时刻本虽已风行海内，而国故丛书已见萌芽，独立医学丛书则未之闻也。有之自金·刘河间三六书始，元·杜思敬之济生拔萃，李东垣之十书继之，厥后明之王肯堂、薛立斋等，丛书之刻，逐渐增多矣。然则多是当代之书，绝少唐宋以前古钞珍本。曾读吾邑范氏天乙阁明代兴盛时原刻藏目，载有汉唐医学名家古钞珍本多种，世无刻本。至清初范氏重刻书目，汉唐抄本已佚，而明刻医书则尚有四五十种之多，亦属罕见孤本。至嘉道间再刻见存书目，其明本尚剩二三十种，则鲜有本已少。至近年归公家保管，点见存目，而明刻医书仅存残阙十余种，首尾完全者已不多见。……呜呼痛哉，自古我国珍本艺文典籍之散佚，一因于国故变迁，遭兵燹水火之散失；二因收藏家之蒐集，初则秘不示人，继则子孙重值售之国外。凡我医界同志，珍贵医书，往往不得寓目，以致学术无进步，职是故耳。裘先生与炳章为学术深交友，皆有见于斯。"

裘吉生早在 1916 年回绍兴不久，在"论提倡中医中药首宜流通书籍"（刊于《绍兴医药学报》第五十四期）一文中说："中国之医药书籍，素有汗牛充栋之誉，其实能购得者几何？周秦之前之书籍无论矣，宋金元明之作，已无多种。满清一代，名贤辈出，著作等身。未刊者，秘于私家；已刊者，囿于一隅。先人手泽，尽湮于无形。后学者徒记诵其名词也，良可慨已。商务书馆出版界有言曰：‘学术之进化，随出版物而并行。学术愈进化，出版物愈多。学术愈易发明，出版物亦愈易推广。反之，学术不进化，出版物亦因之而少，盖消行亦未易也。’……吾读总会发行之第三年第二期社报论文中陈君裕业之言，不禁窃叹其意见之当，有先得我心者。其言曰：‘保存国粹之道，无他，即为之设法流通而已。愈流通而保存之途愈广。盖流通者，实保存之极端也。’吾故赞成其说，而为提倡中医中药，首宜流通书籍。”

裘吉生为弘扬中医药事业，自回绍兴后，除创办医院为民治病外，即着手组建医学会，刊印医学学报，出版中医古籍。

清末，绍兴中医药界即有“绍兴医药学研究社”，组建于1906年。裘吉生当时任该社副社长。由该社创办了《绍兴医药学报》。但在辛亥革命前后该刊已停版。1914年裘吉生返回绍兴后即联络同仁组建了神州医药会绍兴分会，先生先后任副会长、会长。并由该医药会名义继续发行《绍兴医药学报》（裘吉生兼任学报总编辑）。民国后的第一期《绍兴医药学报》于1915年7月1日出版，同时学报社还发行《星期增刊》。《绍兴医药学报》是我国最早的中医药杂志之一。编辑体例分为十门，即论文、学说、短评、问答、医案、杂著、医药界近闻、专件、古籍选刊、纪事细目。近代著名医家张锡纯、张山雷、周小农、曹炳章、时逸人等都积极为该学报写稿。该学报的刊行对捍卫中医药事业、宣传中医药的科学性、交流中医学术思想、探讨发展中医药事业都起了很大作用，在国内外都有较大的影响。

裘吉生认为要发扬中医事业，必须打破“秘”字。他曾在亲自设计的一期《绍兴医药学报》封面上书一大“秘”字，一人手持大锤猛向“秘”字砸去。竭力主张和宣传打破中医守秘陋习，其后出版《三三医书》、《三三医报》等均注明“准许翻印”、“欢迎转载”、“仁人翻印、功得无量”等等。

为发展中医事业，裘吉生以流通医药书籍为己任，成立了“流通医药书籍有限公司”。他在《绍兴医药学报》上刊载启示：“海内外藏书家鉴：我国医书汗牛充栋，各家藏刻流通者少，致日久归于淹没。此岂先人著作时初愿所及耶？本社竭力求凡藏有各种医药书籍，搜者务祈开明书目、卷数、版本等示知，本社当出重资相求，并可代为流传发行。”在绍兴期间，裘吉生克服种种困难，先后出版了《国医百家》8 种、《鲟溪医述》15 种、《医药丛书》4 集 22 种、《绍报医药丛书》74 种、《裘氏家刻木版医书》17 种以及《医士道》、《医话集腋》等专集多种。

裘吉生既以刊印书报、弘扬中医药事业为己任，经历年实践深感绍兴的印刷发行条件受限，自己所藏的众多中医典籍和医社社友愿意交付流通的中医孤本、未刊本难以大量出版流通，因此裘吉生毅然决定迁移到印刷业比较发达的杭州发展。《绍兴医药学报》共发行 141 期，《星期增刊》共发行 158 期。

（四）

1923年，裘吉生举家迁至杭州。迁杭后创办“三三医社”，开设中西医联合的三三医院。为了进一步宣传中医学说，将原刊《绍兴医药学报》更名《三三医报》在杭州继续发行。1923年6月16日《三三医报》第一卷第一期出版，先生在第一期中即发表“启示”：“情愿再以个人金钱精力为我国医界摇旗呐喊也。”

《三三医报》是当时各地医家与医药社团言论公开的刊物。至1929年9月第四卷第三十三期出版，共发行《三三医报》132期。前后为该刊撰著者系全国名家有三百余人之多，如著名医家张锡纯、张山雷、周小农、张赞臣、曹炳章、何廉臣、秦伯未、时逸人、沈仲圭、汤士彦等。

裘吉生以流通医药书籍为已任，因此迁杭后立即着手自资出版医药书籍。

我国医学已有数千年历史，代多名人，富有述作，古今医著，浩如烟海，终身读之，犹不能尽。但是中医古书载籍芜杂，条理不分，名目所指，内容难详。因此整理医籍，去芜存精，分别类目，刻不容缓。

裘吉生主编，并得三三医社社友相助，经校勘和精选，汇集了珍本医书99种，于1924年出版了丛书《三三医书》。《三三医书》共3集，每集33种。内容包括医经、临床各科、针灸、本草、方书、医案、医论、医话等。

《三三医书》的出版，保存和流通了大量的中医珍本秘籍，拯救了濒临散佚失传的医学珍籍。如《温热逢源》为未曾刊行之清季名医柳宝诒遗著，裘吉生用自印书籍交换始得。《医经秘旨》、《医阶辨证》皆是未刊本，医林罕见，裘吉生自资购得。《医学课儿策》为清代高上池未刊遗稿，系课儿之作，揣摩极精。《痢疾明辨》为清代吴士瑛积四十年之治痢经验所著，可称治痢专书，亦是未刊稿本。《伤科方书》内有各种失传之伤科秘诀秘方，也是未刊稿本。《三三医书》的刊行使众多未刊稿本能够出版和流通。

为使未刊稿、抄本和失传名作能够刊印，裘吉生的搜集旁及日本。《三三医书》中收入的《医余》、《药徵》、《伤风治证约言》、《先哲医话》皆为日本医家所撰，各具特色和行医心得。《宋本备急灸法》为宋代名医撰著和刊印，但国内久已亡佚，于是转抄自日本仿宋影刻本。《本事方续集》亦是宋代名医著作，但国内素无传本，购得日本刻本后转刊。《长沙正经证论》系日本传本，日人编辑仲景方论，按方、证相对者分门聚类，可作整理古籍模式之参考，也收入《三三医书》中。

裘吉生说："医之为道，贵乎实验"。先生选辑珍本，"不以大部凑集众说之书为重，恒谓单本小册之著作往往出自心得，多有发明之处……立论不多，要皆独具创见，尤以所载方法无不历经试验，遂有不屈不挠之学说垂示于人。”故而先生说：“中医之有发明，辄在小部书籍。”“本社故多采提要钩元之辑要书籍。”《三三医书》选辑宋、元、明、清中医著作，大多篇幅短小、注重实用、简验方便，且多有家传秘本，疗效独特。如《重楼玉钥续编》乃歙县郑氏家传秘藏，名垂数世，其治白喉，无不应手即愈，凡习喉科，奉为圭臬。《疬科全书》为前清广东梁氏疬科秘传经验方。《村居救急方》有内、外、妇、儿各科救急便方，适于村乡居户。《喉科秘诀》要言不烦，切于实用。《陈氏幼科秘诀》为苏州世医陈氏秘传。更有《行军方便便方》分“备豫”（干粮类）、“杜防”（防疫类）、“疗伤”、“愈疾”、“救解”等节，方极简便，既便行军，复利村落，世无传本，始编入本丛书。

1912年，北洋政府统治时期，当时的政府以中西医“致难兼采”为由，在教育部第一届临时教育会议上通过并于随后颁布了“中华民国教育新法令”。该“法令”于1912年11月和1913年1月前后颁布两次，但都没有把“中医药”列为教育学科，而只是提倡专门的西医学校。“法令”颁布后，中医界纷纷表示抗议。同年10月，上海神州医药总会联合全国19个省市中医界和同仁堂等药业人士，组织了“医药救亡请愿团”，推举代表请愿，要求教育部设立中医药专门学校。对此，北洋政府认为：中西医“致难兼采”，“专取西法合于世界进化之大势”。依然拒绝将中医列入教育计划。但为了抚慰中医界情绪，又称“非有废弃中医之意也。”

值此中医事业面临危难之际，裘吉生认为要复兴中医，亟需研究中医学术、出版流通中医书籍。裘吉生感叹曰："吾国医药书籍之出版者，近二十年中，几无所闻，盖即学术不进化之明证。推原其故，即无人研究中医中药之学术。致有善本出版，购者亦无人焉。……著作者，绞脑耗心，脱稿即防覆瓿。发行者，纠金集本，出版旋须束阁。是故中医中药，虽无教育部之主张废弃，亦将为之自然淘汰也必矣。"（1916年裘吉生所撰"论提倡中医中药首宜流通书籍"）裘吉生又说："吾国古时，越是急症，越有灵方，惜为医生口口相传，所谓传媳不传女，秘之秘之，以致失传。"（《三三医书·走马急疳真方》提要）

中医本有治急症灵方，但因未能正常流通传播以致失传。因此裘吉生编纂《三三医书》等丛书，即是通过保存和流通珍本秘籍来普及推广中医学术，发展中医事业，是救亡斗争的具体行动。

辑入《三三医书》的《医医医》三卷，清末孟今氏所著。该书阐述医治医生之医法，切中中国医界之病。其所设医治法，确为根本之谋，亦为振兴中医、谋存中医之道。

（五）

树欲静而风不止。1913年的废弃中医歪风虽然稍平，但是诋毁中医落后、迷信、不科学、妨害民族健康、影响卫生事业发展等等的民族虚无主义思潮屡次泛滥。稍有适宜气候即汹涌而来。1929 年 2 月，由卫生部内若干行政人员和一些西医组成的“中央卫生委员会”召开会议，通过了“废止旧医以扫除医事卫生之障碍案”。决议案规定中医要限期一次性总登记，以后即不再登记给照，并禁止中医收学徒等等。还提出了废中医、存中药的一些具体措施。中医药界闻讯大哗，来自 15 个省的医药团体 131 个、医药代表 262 名齐集上海，于3 月 17 日举行了全国中医药团体代表大会，申述中医中药的重要，反对取缔中医中药。

裘吉生认为这是关系国计民生的大事，因此不顾患病初愈和风雪严寒去上海参加大会。先生曾任大会执行主席，在会上慷慨陈词，并附和杭州药业职工大会代表提议的以每年“3 月 17 日”为我中医药界生死存亡的纪念日（这就是“国医节”的由来）。大会还推选了赴京请愿团，赴京向行政院、内政部、卫生部、教育部、立法院、监察院等递交了请愿书。裘吉生是代表之一，赴京后晤见了胡汉民（立法院院长）、蔡元培（中央研究院院长）、谭延闿（行政院院长）、王澂莹（国民政府文官处秘书）、宣铁吾（国民政府警卫团团长）、蒋梦麟（教育部部长）、邵元冲（立法院副院长）等人。阐明了中医中药对国计民生的重要意义，申述了捍卫中医事业的决心。期间还结合私人交谊，多方努力，为捍卫中医药事业作出了贡献。在京请愿期间，适谭延闿患病，让请愿团派人诊治，此含有检验中医实效之意。请愿团代

表一致推举裘吉生出面。裘吉生为谭氏诊病处方服用中药，一剂即愈，又一次为中医治病赢得了信誉。

废止旧医案未能实行，除了全国中医药界群起反抗外，另一个重要原因是国民政府的内部矛盾。提出消灭中医议案的领衔人是余云岫（内政部卫生专门委员会委员、日本医科留学生），积极策划布置消灭中医的是刘瑞恒（卫生部政务次长、美国医科留学生、前协和医院院长）、陈方之（内政部卫生司司长、日本医科留学生）、褚民谊（国民党中央执行委员、前行政院秘书长，是营销西药商人，也是汪精卫和陈璧君的经济经纪人，办有“民谊药厂”、“信谊药厂”、“中西大药房”、“中法大药房”等等）。这些就是所谓的“医药革新派”，他们受到汪精卫（前国民政府主席）的支持。此外，中央卫生委员会还有若干名西医，如胡定安、黄子芳、金绍清、胡鸣基、俞凤宾等。而国民党的元老派，如于右任、居正、张继、彭养光、戴季陶、胡汉民、蔡元培、焦易堂和陈果夫、陈立夫等主张保存国医国药。由于国民党、国民政府的内部矛盾，在对待中医问题上的“新旧派之争”、“医药革新派和元老派之争”始终起伏不断。

由于全国中医药界的不断斗争和社会舆论的支持，加上政府的内部矛盾，最后由时任国民政府主席的蒋介石批复，国民政府向请愿团表示收回中央卫生委员会的决议，其后还通过了几个提倡国医的法案和办法。

“三·一七”抗争后，裘吉生除呼吁中医同仁继续团结努力以捍卫中医事业外，还向立法院等提出制定保障中医法案，建议设立国医医院、国医图书馆、国医大学、国医研究所等。为了争取中医权利，还建议设中央国医馆。1930 年，立法院通过了设立中央国医馆的建议。1931 年 3 月 17 日中央国医馆成立，推裘吉生为理事。但是裘吉生看穿了政府在敷衍国医界，中医仍处于无实权、被压制的地位。所以，裘吉生无意于官场，不辞辛劳，逆流勇进，仍将主要精力放在办好医院和刊行医书上。

（六）

裘吉生整理古籍，深感珍本多有未尽刊布者，因此于藏书中选定 90 种，辑成《珍本医书集成》。《珍本医书集成》所辑乃精选各科必读名作。内有医经类 5 种，《内》《难》经旨，发挥无遗。本草类 5 种，山川精英，天地秘钥。脉学类 3 种，三指之禅，允推精到。伤寒类 4 种，长沙法规，历贤经义。通治类 8 种，言论方治，金赅其要。内科类 12 种，推论六气，发明温暑。外科类 3 种，神膏赤饼，良方秘传。妇科类 4 种，钟灵毓秀，和于阴阳，种玉有方，保产无忧。儿科类 2 种，惊风急慢，治分温凉，痧痘天行，证辨逆从。方书类 17 种，经方古茂，时方圆熟，单方秘方，功有独胜。医案类 15 种，前贤结晶，毕述于此，家传秘本，名贵尤甚。杂著类 12 种，医话笔记，秉笔直书。

《珍本医书集成》所辑 90 种医书并不是随意堆砌，而是裘吉生以其精湛的学术造诣，独具慧眼的匠心，本着弘扬中医学术、提高临床水平的原则，精心编选而成。在编排体例和内容选取上均更为精湛和切要。内多有未经辑入《四库全书》、《永乐大典》者。因此使其具有较高的学术价值与实用价值，为世人称道。而且先生在整理过程中十分注意医理的正确与文字的流畅。先生不但凭自己的藏书亲自校订，还请当时精于中医理论和富有临床实践的医家多人协助校勘、句读。

裘吉生主编的珍本医书，每种书的卷首皆列“提要”一篇，多为自己手撰（仅极少数由医社社友撰写）。每篇虽仅一二百字，然钩元提要，概括无遗，且辨论精辟，考证审详，读之已可概全书精华，知其求舍。

《珍本医书集成》于 1936 年由上海世界书局用仿宋字排印出版，精装 14 册。该书的出版，诚如近代医家曹炳章先生所说：“平时不能寓目之古贤遗著及未刊秘籍，得复现于世界。”当时的中央国医馆馆长焦易堂先生在《珍本医书集成》出版时热情颂曰：“本馆倡导国医，整理医籍，此种编刊实为最伟大之贡献。”全国知名医家人士皆异口同声赞颂此书之出版发行。

《珍本医书集成》的编纂和出版，进一步保存和流通了大量的中医珍本古籍，使众多濒临亡佚的未刊名医书稿、抄本、孤本得以刊印和流传。如选辑的有关《难经》著作 3 种，或综合古说今论，或诠释经文多有新义，读之使人开卷有益，颇多启迪。其中《难经古义》

原本已佚，录自日本滕氏编注本。《难经正义》为未刊稿，由清代名医叶子雨著，考证详审，辩论精赅。《古本难经阐注》遵晋代王叔和所用古本，与通行本大异，且由清乾隆年间丁锦采集注解《难经》诸家之切当者注释于各条之末，为不易得之书。《本草择要纲目》为清康熙年间儒者蒋氏所著，而书稿原版已毁，其子继承父志，再订刊行，书择要药三百余种，语简意赅。《伤寒寻源》为清代吕氏研究仲景学说二十余年之心得，但仅送亲友，属未刊稿本。《伤寒法祖》为伤寒名家任越庵著，平素秘不示人，为未刊稿。《增订伤暑全书》为明代张凤逵原著，但版已久佚，叶子雨由旧书肆中购得增订。自《内经》以至宋、元、明诸家之论暑者，无不采辑精华聚于一书，明病因、辨病症、审诊断、设治法，确属全书，医者必备。《六因条辨》乃清季名医陆子贤撰。陆氏精于治疗时邪感证，积临证数十年之经验撰著此书，本邑人士争相传抄，奉为圭臬，亦是未刊本。《胎产新书》系萧山竹林寺师师相传之秘本，与常见传抄本不同，皆由诸师考定纂辑，切实简要。《鲁府禁方》为明代太医院吏目龚廷贤编著，所载验方秘方可传，而原本已佚，孤本转从日本得来。《外科传薪集》为清代名医马培之著，所载皆秘方，世无传本，由门生转抄而成，为未刊稿本。清代名医王孟英所选俞东扶辑《古今医案按选》存世仅原版样本一部（原版刻样本后即遭毁，未印行），收入裘氏藏书中，弥足珍贵。《得心集医案》虽多奇方验案，仅有家刻印赠，而刻本版已毁，此次重刊。清季名医邵兰孙，医名甚盛，所著《邵氏医案》为临证散方，简括切要，未刊稿由裘氏录存。清代名医薛生白，医名齐叶天士，所著《扫叶庄医案》为未刊稿。《花韵楼医案》、《黄澹翁医案》、《也是山人医案》、《龙砂八家医案》、《沈氏医案》、《青霞医案》、《履霜集》等皆为手抄本、未刊稿，此次辑入《珍本医书集成》始得首次刊行。

《珍本医书集成》的编刊使一些稀有本、精刻本得以重订刊印、广为发行。如《内经素问校义》以宋本《内经》为主、用元熊氏本、明道藏本及唐以前载籍勘正，该书考证审详，精于文字训诂，纠正了许多前人误读妄改之处，有较高的文献价值。《医经小学》系明代万历刻本，原为慈溪耕余楼珍藏，裘吉生自维扬旧书肆重金购藏于读有用书楼，有较高的版本价值。《本草思辨录》以治病重在药物，言多精湛，世鲜流传。《食鉴本草》载五谷菜蔬、瓜果六畜，各有宜忌，颇合家庭日用，更益摄生延寿。《古今医彻》为清季名医怀抱奇历二十余年揣摩经验总结，多有发明，属稀有本。《鸡鸣录》为清代名医王孟英著，自妇女、小儿至内、外各证计十七门，录方精要，论理透彻，书为世人求之不易得者。《医学传灯》载外感内伤诸证，皆有论有方，刻本罕见，亦属不易得之精抄珍本。

《珍本医书集成》还辑入了一些切于临证使用的简便实效专病专著，开业医师尤宜备用。如《疑难急症简方》为清代绍兴名医罗越峰辑，搜集疑难危重之证，应用简便精湛验方，故由蔡元培先生署签、绍兴名医先贤辑刻。《湿温时疫治疗法》为绍兴中医学会同人精研湿温病辨证施治的稿本，颇切实用，世无传本。《霍乱燃犀说》为清代江氏著，霍乱来势凶险，生死立判，是书为辨霍乱专著，属寒属热，无形可遁。《瘴疟指南》是明代郑氏所著，是治瘴疟专著，末附近人所著“黑热病证治指南”，亦为治时证热病实用之作。清代郑氏著《鼠疫约编》荟萃治鼠疫急症的有效验方，可广为流传。清代萧氏为证治“疾病之最惨最酷最易传染”的麻疯病，经广搜博采前贤著作，又屡经自己实验，撰成《疯门全书》，可为治疯南针。而《外科方外奇方》、《伤科方书》、《产宝》、《产孕集》、《儿科醒》等皆可为外、伤、妇、儿各科准绳，属临床家切需。

《珍本医书集成》收录方书类医籍 17 种，所载皆临证实用方药或效验秘方。如裘吉生所言：“中医之疗疾有特效者，多在古方。盖古方之传，自今日已经若干人之试验也。故吾人欲发扬中医，必须多传古方，庶乎有济。”如《惠直堂经验方》由清代陶氏汇集祖父、外祖父收录之方并合自己二十余年之经验效方共一千余条，为切合实用之方书。《扶寿精方》一书集方极精，间多他书所未见，且所载丸散膏酒炮制各法亦甚精，可以纠正现代药铺之因讹传讹。

《珍本医书集成》收辑的杂著类多是一些名医大家的医论医话。如《存存斋医话稿》是会稽名医赵晴初撰，“或记见闻，或抒心得，或指摘医家之利弊，或宪章先圣之名言。虽属当年陈迹，而言多精凿，较之流览医书，尤饶兴趣。”《药证宜忌》为藏修书屋珍藏本，每一病证，忌用何药，分列极严，适于人手一册。《医医偶录》为一代医家陈修园著，陈氏医书，风行全国，该书为陈氏晚年教子所作，故简明精要，尤胜他书。《蠢子医》原为课孙之作，故颇多不传之秘，用药效如桴鼓。《宜麟策》传广嗣及胎教之道，似今之优生学。《医医小草》其文皆补偏救弊之言。《医门补要》撷经之腴，搜方之秘，足补前人之未发。

《珍本医书集成》90 种，皆为中医珍本，无需再例举已可窥见该丛书的出版发行为拯救中医古籍、流通名著珍本、提高医者学术水平、弘扬中医事业作出了较大的贡献。

裘吉生孜孜矻矻、千方百计搜罗中医古籍，不惜自资、不辞辛劳大量刊行医书医报，目的在于复兴中医、抗争企图消灭中医的逆流。当时医家对此已是共识。如近代医家徐相任先生在《珍本医书集成》徐序中说："吉生状貌魁梧，头脑极清，老而弥健。所藏医书，甲于国中。复能不自私其子孙，以倡导学术发扬文化为己任。”近代医家秦伯未先生在《珍本医书集成》秦序中说：“仆尝趋访于武林寓次，大屋十余间，盈室皆古今典籍，几无立足地。退而坐谈，初沉默不欲语，既而侃侃不能抑。盖有志于医，而医人之外，且欲医医。复欲复兴整个中医于衰颓之中。”

（七）

《珍本医书集成》出版发行后深得读者欢迎和重视。但“读者多以蒐罗未尽为慊，怂恿编者，日繁有徒，可见提倡国医，保存古籍，人有同心也。”（《珍本医书集成续编》凡例）因此裘吉生决定将所汇集珍藏的古籍珍本陆续精选出版。《珍本医书集成》原计划出版三集。于1937年《珍本医书集成续编》编定并将书稿送交世界书局。

《珍本医书集成续编》选辑99种。裘吉生在“凡例”中说：“此次选辑悉以罕见善本、仅存孤本、未刊稿本、精抄秘本四种为标准。”计罕见善本53种、仅存孤本23种、未刊稿本12种、精钞秘本11种。裘吉生又说：“不切实用、无裨医术之书，虽属难得之本，亦从割爱之例。其经验方书则收辑特多，不特可为医家之参考，亦人人所必备也。”（《珍本医书集成续编》凡例）

《珍本医书集成续编》内辑医经类5种。《黄帝内经素问完璧直讲详注》和《素问释义》由清代儒医补正、诠释《内经》之作，为世所罕见的珍本。《难经编正》是校勘、编正《难经》之著。《难经摘钞》系读《难经》之心得节录。《类经纂要》纂要、增注张景岳《类经》皆为仅存孤本。

本草类8种。《神农本草经校注》由著名经学家莫文泉详细校注《神农本草经》，可窥医学药学之源流。

《滇南本草》辑录云南出产药品，多有《本草纲目》等书未录者。《山公医旨食物类》辑录日用饮食，备悉甘苦寒热之性、有毒无毒之分，与《珍本医书集成》中《食鉴本草》可为姐妹篇合璧。《药性摘录》录载药品皆以性味功效分类，详且尽矣。《药要便蒙新编》亦以药物功用分类，但每种编为四句歌括，限韵以便记诵。《生草药性备要》辑录草药多种，详载性味主治，为罕见草药专著。《药引常需》为清代名医雷少逸著，内辑常用要药一百三十余种，详述配合之法，开用药处方之捷径。《药准》为明代医家许兆桢撰，上卷述五脏六腑之主要用药，下卷分列药性功用，简要不繁，乃用药之门径书。

脉学类3种。《脉经真本》为归莲堂藏本，系晋代王叔和撰著真本，转辗传抄珍藏。《诊翼》系明代许兆桢著，参合各家考订而成，为诊脉家之羽翼。《山公医旨脉诀类》为临证断症脉诀，切合实用。

伤寒类16种。属仅存孤本、罕见善本，多为清季医家研究伤寒心得。如《伤寒论新浅注》、《伤寒答问》、《伤寒论章句》为注释伤寒论之作。《伤寒一百十三方发明》、《伤寒方解》论伤寒方及其应用和扩充。《伤寒古本订补》、《伤寒补亡论》、《伤寒小补》系增补伤寒之著。《伤寒辟误》、《伤寒正名》、《伤寒平议》《伤寒辨证》、《孝慈备览伤寒编》为伤寒论评注。《伤寒金口诀》、《伤寒医方歌括》、《伤寒证治赋》则是将伤寒辨证和方治编成歌赋，便于诵读。诸医家之研究皆能启示后人有助于伤寒论之发展。

通治类7种。《医学原理》为明代医家汪机著，专为传医道于子孙之心得。《医读》也是汪机著，集药性、脉候、病机、证治、主方于一书，全书用四字歌括，便于初学者诵读。《学医便读》清代陆锦燧辑，有脉法、舌诊、药性、方剂和辨证论治，简明赅当。《香岩径》为清代名医叶天士医案选编，由陆锦燧辑，得叶氏医案之菁华。《颐生秘旨》集内、妇、儿、外各科养生治疗之法，汇萃群言，多可取处。《医林猎要》列医原、脏腑、诊法、证治、药性、医方，取材广泛，切于实用。

内科类12种。《吴鞠通方歌》、《陈修园方歌》选吴、陈二氏效方辑为方歌，简明而便于诵读。《医镜》为明代许兆桢出其家藏秘诀编成歌括，简要不烦。《疫疠溯源》详言气运所以成疫疠之故，为师承经验录。《内科摘录》罗致经验之方，遍述各症方治。《喉证全书》博采众长，兼收名医经验。《噎膈反胃关格三证全书》荟萃大家理论，撷取精华。《温病浅说》备述温病证治要领，辨析分明。《会讲温证语录》为清一代名医喻嘉言讲解温证之语录，世少流传。《辑堂医书》是清代医家吴廷璋辑，归纳有某脉某症，即宜用某方某药，实诊治之南针。《苇航集》详述脏腑、经络、诊法、药性和各病证治，全而扼要。

外科类7种。《外科医镜》、《外科经验亲传》、《疡科临症纪实》皆清代外科名医之经验心得和施治纲领。《外科摘录》、《壶中别天》为外科方书，极有效验。

《疡科冰鉴》为未刊抄本，内多秘方。《瘰疬法门》为治瘰疬专书。

妇科类3种。《增订达生篇》为胎产专书，尤附有胎产前后调理法。《妇科杂证》汇集各种妇科疾病之效方，尤多采明末大家傅山之方，效如桴鼓。《女科备要》采摭前贤名论，如《良方大全》、《济阴纲目》、《产宝新书》、《邯郸遗稿》等三十余家，皆搜罗精华，且脉症有歌、药性有赋，为妇科专著。

儿科类11种。《慈幼便览》载量少易服之品，兼采外治法，适宜小儿疾病之治疗。《幼科类萃》、《保婴易知录》、《育婴汇讲》、《幼科指掌遗稿》皆集小儿医精华之著。《万育仙书》则专论婴儿调护和养生导引。《瘖疹秘法》、《麻痘蠡言》、《痘疹摘录》、《痘疹世医心法》、《痘疹玉髓》为诸医家诊治小儿麻痘心得。

方书类17种，皆明清医家撰著之良方集萃。《良方集要》、《厚贻堂集验良方》、《校正逸园集方》、《平易方》、《医方便览》荟萃内、妇、儿、外各科经验效方。《经方例释》专论经方化裁。《急救百病回生良方》、《福世无遗录》、《邵氏伤寒成方辑要》则主辑外科验方。《增补疗癖经验良方》为治癖专书。《经验奇方》和《胡氏应验良方》内多目疾良方。至解毒与急救，有《急救便方》、《慈惠小编》可资应用。

医案类5种。《温氏医案》、《寿芝医案》为清代名医所撰，内多险要重症。《北簳山何氏医案》、《韩氏医案》、《叶氏妇科医案注释》皆为未刊稿本，所辑因病用药，足为后世法。

杂著类5种。《老老恒言》专论养生之道。《医镜》、《医方丛话》录历代医家名言。《医学一得》备述医家四十年之经验。《医医歌》撰五言古风49首以救正医风时弊。

《珍本医书集成续编》编辑甫成，送上海世界书局用仿古字体刊印。为便于流通，特意“廉价发售，取值不及百分之一。”（《珍本医书集成续编》凡例）

（八）

裘吉生以弘扬中医学为己任，认为“吾国言医者多重演绎，而古时日本研究汉医反多用归纳，故尝有特知特见，为吾国所未及者。即吾国失传之古籍，经彼邦人士之校刊，亦有谨严不易之本。今从彼邦取归，为之刊布流传，亦学术界之急务也。”（《皇汉医学丛书续谝》凡例）因此先生精选日本医籍，“皆名贵珍秘之本”75种，辑为《皇汉医学丛书续编》。“各书皆经友人之富有学识者分头重校，并加句读。”如“为日本原文，承友好为之移译校订”。（《皇汉医学丛书续编》凡例）《皇汉医学丛书续编》与《珍本医书集成续编》同时交付世界书局出版，二“续编”共刊印28本。

《皇汉医学丛书续编》计医经类6种、本草类4种、针灸类7种、伤寒金匮类5种、内科类11种、外科类4种、眼科类1种、妇科类2种、儿科类4种、方书类21

种、杂著类10种。

“礼失求诸野”，《皇汉医学丛书续编》的编辑刊印拯救了中国古代医家所撰但国内已失传或濒临失传而有传至日本刊行的名著。如《真本千金方》为唐代孙思邈原本，据日本稀有珍本影印而得。《唐卷子本新修本草》原为南唐李氏撰修，而宋后亡佚，由日本丹波氏觅得抄本摹刻，按日本刻本影印。《是斋百一选方》、《易简方》、《续易简方论》、《续易简方后集》皆宋代人所撰，但中国已无传本，据日本刊本印行。《子午流注针经》为元代人撰，但在中国已失传，录自日本精抄本。《御药院方》由元代御制，但中国已少传本，转据日本校刊本印行。《名方类证医书大全》、《医方考绳愆》、《金镜内台方议》皆是明代人撰著，但在中国已失传，转据日本刊本印行。《外科百效全书》、《评训霉疮秘录》、《幼科百效全书》、《全幼心鉴》、《秘传证治类方》、《奇效医述》皆为明代编纂，但中国已少传本，转据日本刊本印行。

《皇汉医药丛书续编》刊印的日本汉医学家撰著本，内多对中医古籍的辑录、增补、考证和评注。如医经类6种皆为汉医家评注、释义《内经》、《难经》之作。《古本神农本草经》、《神农本草经考异》系汉医家考证、校勘《神农本草经》后择取古本精华辑成，尤其《古本神农本草经》是《神农本草经》考古本中最精确者。《本草图经》为日本医家校正《图经本草》后辑成善本。《经穴汇解》为日人考证《素问》、《甲乙经》后校正经穴所在之作。《十四经发挥抄》为日人校勘中医古籍后著述。《评注古本伤寒论》、《伤寒考》、《伤寒名数解》、《伤寒杂病类方》、《金匮要略注解》为汉医学家考证阐释《伤寒论》、《金匮要略》著作。《景印医心方》系汉医学家以汉唐间医书为蓝本经校正而撰辑，备载各门证候、治法、医方、药物、针灸等，且文字仿古书，可窥汉唐以前训诂音韵之学。《校正金兰方》为日人遵循汉唐医书并增补日本奇药而成。《晋唐名医方选》、《古方通览》、《古今方汇》、《类聚方集览标注》皆系日人汇集中国历代名医方并校勘编辑而成。《上池秘录》为日人辑录诸家秘方禁方。《奇方撮要》则专辑简验效方。《产经》为日人精校刊印唐代妇科古籍。《增补保赤全书》系日人增补明代儿科专著。《评批证治要诀》是汉医学者评注刊印明代古籍。

《皇汉医学丛书续编》介绍了日本汉医学家的临证心得和经验。如《针灸说约》、《针灸则》为日本世业针灸学者的研究心得。《天行厥病论》专述风毒脚气之证候治法。《番沙新说》论霍乱治法，宗《张氏医通》而参以新说。《治痢经验》述治痢心得，宗景岳学说而增益本身经验。《治瘟编》综述瘟疫诊治。《折肱要诀》正骨接骨秘籍。《博济堂脚气提要》分述脚气证候治法，为博济堂脚气病院经验秘方之总结。《霉疮证治秘录》详述霉疮证治之法。《本朝水肿方》汇治水肿验方。《古今精选眼科方筌》属眼科专著。《产航》系妇科经验集录。《痘疮医筌》汇集治疗痘疮心得。皆是荟萃日本汉医家治疗各科疾患经验。又，《医方聚要》为日医行医经验方录。《漫游杂记》系日人漫游随笔，类于医话，内有验案及秘方禁方。

《皇汉医学丛书续编》还刊有日本汉医学家对中医学术理论的探讨和发挥。如《药方分量考》、《续药方分量考》为日医考证《伤寒》、《金匮》方之药分量并辨历代医家考正之误。《医学辩害》为日人著作，纠衍文错简，辩医道之害。《养寿院方函》系推崇中医古方的汉医应用经方治病心得实录。《扁鹊仓公列传》、《扁鹊仓公传汇考》为日本名医丹波元坚考证中医古籍之作。《医官玄稿》是日医阐述中医史学，崇古而排斥金元时方学派，可为医史参考。《医辙》著者谓必须推翻古来陈辙而应有新建树，提倡不从汉医、不从荷兰医而创立日本之新医学，所撰博引繁征、启人智慧。

（九）

1937年，裘吉生将《珍本医书集成续编》和《皇汉医学丛书续编》书稿交付上海世界书局出版。同年付梓的还有《普济方全集》和《古今医书集成》。

《普济方全集》又名《四库全书医家类》。普济方四百二十六卷原为清朝乾隆年间印行的《钦定四库全书》之一。裘吉生谓："《四库全书》为我国学府宝藏，闻名天下。惟兵燹及他故，由七部而仅余三部。其一在风雨飘摇之北平；其一为故宫之物，旅居海上；阅览公开者惟吾浙文澜阁，曰浙江图书馆孤山分馆一部也。谓之希世之宝，谁曰不宜？明季《永乐大典》，为少副本，竟至亡佚。《四库全书》之亟宜流传，人尽知之。惟成本浩大，故教部谋翻印者数度而未成。……编者素抱流通医籍之志……对于四库医家类蒐集几逾三十年，迄今荷多方相助始得完备。乃请世界书局仿古字缩印分精装，如《珍本医书集成》同式。廉价发行，并可分种单购以期广传。……本书各部次序悉依《四库全书》原书排定，书端仍题'钦定四库全书'字样，俾不失四库面目。"（《四库全书医家类》例言）鉴于《四库全书医家类》"卷次重复，疑案难明……尤因未曾精校，间多脱行讹字。"因此裘吉生为主，并得八十余人襄助，历时二百余日，经考证、校勘、去误后再编辑付梓。

《古今医书集成》为大型丛书，集古今医药书籍之大成。全集计 1237 种，分 13 类、29 目。总类：医经（内经诸家）49 种，伤寒论 104 种，金匮要略 17 种。药物类：本草食物 76 种。诊断类：脉学 44 种，证治鉴别学 20 种。病理治疗类：病理通论 56 种，各科统治 126 种。方剂类：医方 50 种，验方 110 种。内科类：各症专治 18 种，温热 31 种，疫疠 74 种。女科类：女科统治 40 种，女科胎产 23 种。儿科类：儿科统治 48 种，儿科痘疹 76 种。外科类：外科统治 48 种。伤科类：伤科统治 6 种。眼科类：眼科统治 21 种。针灸类：针灸 10 种。杂著类：医学辨正 19 种，医话 10 种，医案 85 种，养生 18 种，笔记 40 种，诸医 4 种，史传 7 种，课艺 7 种。

共计9940万字，已定精装216册，平装1068册。该丛书也已由裘吉生主编辑成，并已和上海世界书局签定好出版契约，定于1937年10月前将全部医书稿本由裘吉生处转递到世界书局开始排印。

上述《珍本医书集成续编》、《皇汉医学丛书续编》、《四库全书医家类》等付版后原定1937年11月发行。惜因“八·一三”沪战爆发，上海世界书局来函：“兹因沪战影响，敝局印刷机关适在战区，致制版印刷等工作均无法进行，而战事之久暂尚难预知，原定出书日期事实上已不可能。”因此诸丛书付梓后未能印行，连同诸多珍本，在战火中散失，为中医界一大损失。

1937年“七·七”卢沟桥事变后，日本侵略者大肆侵华。平津相继沦陷，战火已烧到沪京，杭州也危在旦夕。裘吉生抱满腔爱国热忱，民族气节甚重，不愿做“顺民”。毅然决定赴浙江农村，为处于水深火热的贫苦大众服务。

1937年10月，裘吉生携弱小家眷离开杭州辗转浙东浙西。当初，在出版珍本医书过程中，如将原书付梓必遭损坏，因此需抄录医书付交排印。除亲属和门生尽力帮忙外，还出资雇了众多人手一起抄录整理。至出版发行已经耗竭私资，所以在离杭时已无力将藏书搬迁。只得将藏书两万余册装箱计四十大箱，存放于市郊回龙庙友人赵止在先生私宅（赵宅有称为“桃园”的五开间大房子）。

杭州沦陷后，日本占领军中有一人号称“印洗和尚”。该人到处频繁活动（时人称其为“出入阴阳界”），刺探军事情报，掠夺文物古籍。“印洗和尚”还懂一点汉医知识，因此觊觎中医名著典籍。知裘吉生藏书綦富，千方百计打听下落。适有曾跟裘吉生学医的两名在杭门生，为媚敌得利，蝇营狗苟，串通一起。某日，“印洗”带持枪日本兵若干人，驾大卡车，由两名称“门生”的汉奸带路来到赵宅。众人以搜查军火为名进入赵宅后，将藏书及一切什物搬运一空，搬运好后还放火烧了赵宅。他们将藏书搬上大卡车装好，然后由日本兵持枪押运，悉数劫往日本。此劫实是我国中医珍本古籍的极大损失。

大德曰生，而生之大者，莫重于民命。是则寿世之作，以医为最珍。裘吉生素好读书，至自疗病愈、自学成医后更锐志钻研中医学术，广购医药书籍。请绍兴幕宾购书于全国各地，托日本友人蒐书于东瀛海外。如此搜求医书四十余年，积三千数百种，两万余册。内多孤本、精刻本、精抄本、未刊本等。为使中医珍本古籍广为流通，裘吉生在绍兴时刊印医药丛书，发行《绍兴医药学报》。迁杭州后刊印《三三医书》，发行《三三医报》。嗣后校勘出版了《珍本医书集成》。更有《珍本医书集成续编》、《皇汉医学丛书续编》、《普济方全集》、《古今医书集成》之付梓。裘吉生不惜自资不辞辛劳刊印发行和即将刊印的医书医报达二千余种，为弘扬中医事业作出了巨大贡献。其时废止中医怪论甚嚣尘上，西风东渐，国人之醉心西化者，粗知浅识，视国粹为非科学，鄙薄之，废弃之，摧残频加，中医事业处于危急存亡之秋。当此危难之际，先生以复兴中医为己任，打破守秘陋习，大量搜集、刊印、流通中医珍本古籍，意义尤非寻常。

第二编　《三三医书》九十九种提要

温热逢源

清·柳宝诒著

《温热逢源》三卷，原稿系清季澄江柳宝诒先生未曾刊行之遗著，市上流行《柳选四家医案》即先生已刊之作。读其书者，咸知先生于温热证有独到之见地。裘君吉生于数年前，用自印书籍向无锡承梦琴君交换得之，又经无锡周小农君精校一次。书内论辩多有发人所未发，不特为搜求柳氏遗书者所欲先睹，即研究温热者亦必欢迎。盖数年来怂恿付印者邮书不绝。

医事启源

日　今村亮著

《医事启源》一卷，日本今村亮先生著。为清名医叶子雨先生录存，裘君吉生向其哲嗣仲经君于数年前出价购得，经无锡周君小农校评。其时，日本正西医盛行之始，著者虑学汉医者喜新厌故，舍己从人，乃提取西医治法为汉医所固有者，如解剖、颁剂等事。凡二十篇，历征古书，博而能确。现在我国医家急当借镜，庶不致见异思迁、略知西医皮毛即自信为己具万能也。

医经秘旨

明·盛启东编

《医经秘旨》二卷，明姑苏盛启东先生笔记，同时高果哉先生校参，顾晓澜先生重加评订。六年前扬州徐石生君价让于裘君吉生。顾先生讳金寿，晓澜其字也。为清如皋县举人，业医于吴，著有《吴门治验》录其评订。题辞中曰：应京光试，遇同年友，偶见本书，如获鸿宝。假录一过，朝夕研究。谓其曾古今一贯之理，实医林罕见之书。想出版后凡购读本书者，自知其言之不谬也。

医病简要

清·张畹香著

《医病简要》一卷，书为裘君吉生得之于同社老友包君越瑚。包君申韩家而精岐黄学，退隐于医，历任绍兴医药学会评议员及会长，与著者张畹香先生世交也。本书系张氏在绍兴一生经验医案之录要，其用药之神，断诊之明，足资后学模范。因世之刊行医案，胥是多方药而少证论，且亦病繁芜而鲜精湛。本书虽了了数十则，然则则有简要之论，所谓少许胜人多许也。

医阶辨证

清·汪必昌著

《医阶辨证》一卷，为清嘉庆御前太医汪必昌著。凡内外证候之有病状相同而原因或异者，无不详辨明晰，读之堪助。临诊之机，世鲜刊本。曩岁，裘君吉生向徐石生先生价购抄稿，题曰《医阶辨证》卷上。明·徐升诚斋辑，后学汪必昌重订。因其无下卷，而又于原抄本题签处字迹挖补，无从考证。嗣经永嘉薛君立夫录寄一本，知确为汪氏所著。书原一卷，爰特刊行公同好。

喉科秘诀

破头黄真人原著
何光编

《喉科秘诀》二卷，为大埔社友何约明寄自槟榔屿者。原著者题破头黄真人，经宫兰翁、姜白石二君传述，为曹炳章君评阅。何君弁言曰：余家四世业医，先代有游惠阳者，有游闽峤者，足迹所及，交游以广，留传医籍，大多先贤遗著。兹所捡得一帙，亦属罕见之作。得此孤本，读之觉全书撷精摘粹，别具深心，要语不烦，切于实用。洵为初学之津梁，而喉科所必资，为参考者之书。

疬科全书

清·梁柘轩著

《疬科全书》一卷，系专治瘰疬之书。所列方法，有多年腐烂之症，一经点涂，计日奏效者。书为前清广东嘉应梁柘轩著，同社上虞俞鉴泉君邮寄。夫瘰疬为难治之证，古今中外皆无专科。至于专治瘰疬之书，尤为绝无。仅有梁氏专精是科，特具验。惟其法素所自秘，为慈善家怂恿，得将秘传经验之方法见传于广东。然他处仍未之见也。亟刊之，以广流传，并答惠寄者厚意。

重订时行伏阴刍言

清·田云槎著

《重订时行伏阴刍言》一卷，为当阳社友李君贡三之寄稿。据云，书系田云槎先生所著。甲寅年，自友人处得之。盖以伏阴之为病，有似霍乱，而实非霍乱，倘认证不确，方法错谬，其害有不可胜言者。李君又曰：余于此症，素怀疑窦，既得斯篇，若获珍宝，故特录呈，以公同好云。想见其利人济物之怀溢于言表。世必乐读之，以副李君一片嘉惠医林之婆心，不特得一孤本书已也。

村居救急方

清·魏东澜辑

《村居救急方》七卷，计分外感门、内伤门、杂症门、妇人科、小儿科、外科症、救五绝方，又附余录为种子方、避难全婴法、煮豆救饥方、生产神效仙方、开玉门仙方、七字真言等。顾名思义，则其方多便于村乡居户急救之用书，为丹阳魏东澜先生所辑。裘君吉生以其切于实用，在绍时向社友曹炳章君借得录藏，久欲付印以行世者，深愿购阅诸君及慈善家到处翻印，以广其传。

殴蛊燃犀录

清·燃犀道人著

《殴蛊燃犀录》一卷，书题燃犀道人著。不详其姓氏，乃本周官庶民、掌除毒蛊、圣人所以重民命也之义而编著之。清光绪丁丑，有妖人剪楮为兵，截人衣襟，或以五色印人肌肉，南北喧传，咸以为异道。人以此乃中毒遇病者，投以试蛊之方，辄验。施治日久，痊者渐多，远迩之求方者益众，恐力不暇给，爰刊其法。人心险诈，近世尤甚。得此一编，有备无患，且亦为吾医所不可不知。

外科方外奇方

清·凌晓五著

《外科方外奇方》四卷，书分升降部、图药部、内消部、化毒部、点头部、拔毒部、去腐部、止痛部、生肌收口部、去管部、膏药部、疔疮部、喉部、诸疮部、臁疮部、癣疮部、痔疮部、口牙部、鼻耳部、脚部及补遗等门。收辑者皆外科不传之秘方，用之自奏奇效，故曰方外奇方。清浙湖凌晓五名医遗著。沈仲圭社友录寄于裘君吉生，特刊行传世。俾古人从许多生命试验而来之方不致湮没也。

咳论经旨

清·凌嘉六著

《咳论经旨》四卷，清湖州凌嘉六先生遗稿也，为其哲嗣永言社友惠寄。嘉六先生即晓五先生昆季行，著作等身，言医必本于经。本书所辑亦不越于《内》、《难》、《甲乙》、《金匮》、《伤寒》，故名经旨。想见先辈之崇古遵经，足砭后世之数典忘祖。嘉六先生遗著存社者尚有多种，因咸系原稿，未曾杀青，致稽搁未刊已有数年。屡荷永言社友驰书督责，深滋负疚。兹特次第刊行，以践吾言不妄。

临症验舌法

清·杨云峰撰

《临症验舌法》二卷，题为西吴杨云峰先生所撰。上卷述其验舌之法，首列临证验舌为准统论一篇，提纲挈领。下列分虚实，分阴阳，配藏府，决死生各篇。殿之临证以验舌为准结论一篇。头头是道，井井有条，虽其卷帙不多，然切要精当，于验舌之法已无余蕴。社友叶劲秋君录寄有年，久不印行，深滋抱歉。临刊之际，又荷社友曹炳章君惠寄本书之下卷，得成完璧，尤感热忱。

沈氏经验方

清·沈心斋辑

《沈氏经验方》一卷，附《胎产良方》一卷。前清乾隆海昌沈心斋先生将平生施送经验之方所辑成，裘君吉生旧藏抄本也。中多外伤跌仆救急秘法，并亲身试用，而经验之案亦记之作实例，为各种验方所不及。因经验者所谓曾经试验也。然各种验方往往为慈善家所辑刊，以耳为目未加试用，故称之曰验方则可，称之曰经验方则不可。本书皆无是弊，有人翻印功德无量。

重订痧疫指迷

清·费养庄选辑

清·顾晓兰评订

《重订痧疫指迷》一卷，为云间费养庄先生选辑，如皋顾晓兰先生重加评订。费、顾二氏俱为有清名医，痧疫各方收采极精，对于霍乱各症尤为推究精详。已故社友徐石生君手录，价让于裘君吉生。第一为急救溯源。第二为辨证要诀。第三为急救闭症方。第四为治时行霍乱简便章程。第五为摘录《霍乱论》守险预防要法。第六为霍乱转筋外治法。读之于痧疫症自易明辨。

重订灵兰要览

明·王肯堂著

清·顾晓澜重订

《重订灵兰要览》二卷，为明金坛王肯堂先生著，清顾晓澜先生重加评订也。王氏所刻之书，如《医统正脉》四十四种、《六科准绳》一百二十卷流行市上，人所共仰。然皆是王氏编辑之书，述而不作，非自行著撰。本书为王氏一生读书所得者，发而为议论。其间奥旨微言是与王氏所刊各书互有发明也。传本极少，又经顾氏评订，其声价已可概想，裘君吉生亦以重值所觅得者。

凌临灵方

清·凌晓五著

《凌临灵方》一卷，为前清浙湖凌晓五先生遗著，治验案也。先生医学盛行，一时门下士百数十辈，皆近世医学名家。如四明王香岩君，现在杭州盛行其道者亦先生之高足也。沪上某书局出版之《丸散膏丹自制法》一书销售颇广，亦即先生所著之。《饲鹤亭集方》为他人略加出入改名剽窃者。其医案世未见刊行，此本为裘君吉生托沈仲圭君录藏，中皆古方今用，别具化裁。

推篷寤语

明·李元荐著

王兰远节录

《推篷寤语》一卷，明松江李元荐著，社友王兰远君节录寄社。间多哲学家言，颇关卫生养性，而于医药上论列尤为未经他人所道破者。盖先生学甚博，尝搜辑玄家梵荚数百种，更及于医卜星相。乾隆庚午以鸿胪谒选，自苏赴京，舟行多暇，摅夙昔所知能表见者汇为本书。计九卷，内分测微、原教、本术、还真、订疑、毗政等篇。王君兰远将其中有关医术者摘成一卷，余详序文。

旧德堂医案

清·李修之著

《旧德堂医案》一卷，清云间李修之先生遗著也。其书中所记之案，上自公卿，下逮贩贾，所载多怪异之病，所用皆奇特之法。其及门诸子早已付刊，西秦田华臣先生序文亦云已有刻本。惟乃时家刻书籍印送亲友，未易普及。海上中医杂志按期选载，阅者多以不得急窥全豹为憾。裘君吉生特将旧藏抄本刊行，以副同道先睹为快之望，亦即中医杂志社选载流传之意也。

内经辨言

清·俞曲园著

《内经辨言》一卷，书为前清俞曲园先生所著《读书余录》之一，即第一楼丛书之第七种，共四十八条。社友上虞俞鉴泉君改定今名，录寄付刊。盖以考据精详，引证确切。关于《内经》之一字一句，无不探赜索隐，辨讹正误，良足助吾医之研经考古者。俞氏文名震烁寰宇，著作甚富。凡关于医药卫生者计三种，尚有《废医论》及《枕上三字诀》。裘君吉生素有录存，拟第二集一并付刊。

新刊诊脉三十二辨

清·管玉衡辨辑

《新刊诊脉三十二辨》三卷，管玉衡先生手辑，社友祝怀萱君录寄。祝君以其言简意赅，有裨医学，流传未广，寖将湮没，爰急付社，以公同好。考其第一辨大略也。第二辨至第七辨，宗伯仁之六脉，著其所统，共得二十九脉，每脉各注其阴阳，肖其形象。第八辨至十三辨则详叙十二经源流，不特尽脉，所经行之处与诊脉之法。第十四辨至三十二辨究极脉中变化，脉学尽是矣。

专治麻痧初编

清·凌嘉六著

《专治麻痧初编》六卷，清归安凌嘉六先生遗著。分述古编、徵今编、方论编，参考各书七十余家。间如程凤雏之《慈幼筏》、高梅孤之《痘症管见》、吴志中之《儿科方要》、汤衡元之《婴孩妙诀》、董大英之《活幼悟神集》、张涣之《小儿医方妙选》、娄居中之《恤幼集》，皆世罕见者。夫麻痧为小儿之危症，近少研究之人。此书足为儿科界放一曙光。惟哲嗣永言社友，寄社多年，始行付刊，深致歉罪。

评注产科心法

清·汪朴斋著

《评注产科心法》二卷，前清休宁汪朴斋先生著。上卷分种子门、胎前产后门。下卷分临产门、产后门。其书素为慈善家印送。以致爱阅者反少购处。社友徐伯英君鉴其证论方药简而赅、约而括，为吾医必备之书，特加评注寄社付刊，以广流传。盖胎产为最危最急之证，家庭之间平时不先涉猎，略备常识，临危必手足无措。至吾医家，尤当早有成竹，方得临证裕如救人急难。

本草衍句

著者佚名、金履升录

《本草衍句》一卷，为休宁金履升社友曩年录寄之稿也，未列著人姓氏。书系集诸本草而衍句之，易于诵读，为入门之阶梯。近来本草书实少佳本，诚如自序曰：《纲目》则病其烦，难于识诵，一经掩卷，则复茫然。如《药性赋》则病其略，记读无多，原委不清，主治不明。本书较《药性赋》则觉其烦，合《纲目》则未免略。然神而明之，引而伸之，烦略已得当矣。爰特刊行于世，以答金君高谊。

先哲医话

日 栗园浅田辑

《先哲医话》二卷，日本栗园浅田先生手辑。彼邦名医后藤艮山、北山友松、和田东郭、荻野台州、华冈青洲、永富独啸庵、惠美宁固、福嶋慎独轩、田中适所、福井枫亭、高阶枳园、多纪桂山、多纪茝庭十三家之言。其时日本医家研究吾国医学甚有心得，本社主任裘君吉生以言多精赅，书无流传，特将旧藏翻印行世。他山之石，可以攻玉。况书中至理名言，多发明《内》、《难》经旨之处。

陈氏幼科秘诀

苏州世医陈氏传

苏州世医《陈氏幼科秘诀》一卷。吾国各科医家，凡以世医名者，无不怀口口相传之秘。偶有所得，未肯示人。致医书湮没，医法失传。甚至自己子孙有恃无恐，亦不他求参考，寖至徒读父书。草菅人命，犹曰吾家世医别有薪传，欺人自欺，罪不可逭。裘君吉生昔以重价购得，爰即付刊，欲化世医为国医，将传秘方为公方。想陈氏见之固属无可如何，而其他读者必多表同情也。

秋疟指南

清·林德臣著

《秋疟指南》一卷，粤潮林德臣先生著。为阐发秋疟专门之书，辩论透彻，学理精深。参以平日经验，虽以专治疟证名，然实为治暑热各证别具见地之特著。其用药立方，且仍皆本经旨，无一处臆说杂其中者。近年南方各省，温暑诸症多似疟疾，治不得法，轻症以至于重，重症以至不起，本书足救是弊。社友何约明君自南洋邮寄，久未刊行，颇受各方督责。兹得付印，聊免罪过。

宋本备急灸法

宋·张焕著

南宋·孙炬卿旧刻

《宋本备急灸法》一卷。夫灸治之法，吾国发明最早，且亦为特具效验之一种疗法。日本医学改革，惟传自吾国之灸法，至今研究不遗余力。是书所列灸法，似别具真传，为南宋孙炬卿先生旧刻，即著《鸡峰方》张焕先生所著。本国亡佚久矣，日本人仿宋影刻。前数年社友李程九君寄自河南之抄本，裘君吉生将旧藏原刻本校对补正。尚有增刻《针灸择日编集》一卷，容再续印。

医　源

清·芬余氏著

《医源》一卷，本书多发明经旨之言，较之《石氏医原》尤见精湛。间于疟痢两证，列论尤为详尽。如疟论大纲、疟脉辨、治疟大法、瘅疟论、论《内经》《金匮》温疟治法、疟母论、疟母问答、痢疾大纲、治痢大法、痢疾不可利小便辨、痢疾不可发汗辨等，各立专论。余如痰饮、虚劳、咳嗽，亦多发明。原题芬余氏著，不详其姓氏。前荷社友卢育和君录自同里萧衡先君藏本，又由时逸人君校正者。

马培之医案

清·马培之著

《马培之医案》一卷，所记如疔毒、骨槽风、舌菌、牙岩、对口瘰疬、失荣、乳岩、井疽、肾石疽、附骨疽、俞发、流注、胃脘痛、鹤膝风、麻风、鸡胸、龟背、肠覃，皆属大症。前清征君马培之先生著。先生于外科特具卓识，市上《外科全生集》即经先生评注者。前有先生医论一卷，本社刊于学报古籍选刊中，阅者咸知希世之珍。医案亦属未刊遗稿，为裘君吉生藏本。因外科无可传书，特付社刊行。

类证普济本事方续集

宋·许叔微著

《本事方续集》十卷，宋·许叔微先生著。市上流传先生所著《本事方》十卷，为清·叶天士研究医学得力之书。惟《续集》十卷吾国素无传本，且未见著于各家书目，因之吾医绝未知有是书。本社主任裘君吉生得日本刻本而藏之，所谓礼失求诸野，洵不诬也。其间所载各方，较《初集》十卷中尤为详备。此种秘笈，凡吾医家必欲鉴赏之心人人所同。特翻印，以饷同道之搜求遗著者。

曹仁伯医案论

清·曹仁伯著

《曹仁伯先生医案论》一卷，曹仁伯先生所著。先生医案在《柳选四家医案》中略见数则外，馀惟前年常熟社友张汝伟君寄刊之《琉球百问》一书也。无锡社友周小农君转代借得本书稿。凡所录方案证论皆属上本《素》、《灵》奥旨，下采百家精华，其灵机活法又别具天资。至观其病家之住址，皆来自四方，则知先生之盛名遍及遐迩。凡已读刊行先生之书者，自知本书之价值也。

南病别鉴

清·叶香岩等著

清·宋佑甫增注

《南病别鉴》三卷，附节录辨证一卷，清·吴门宋佑甫先生增注，叶香岩、薛生白、薛公望三先贤之著作也。宋氏为公望先生之外孙，学有渊源，以南方人多温热证，疗治之法自与北地伤寒有别。本书刊本少见，裘君吉生向高德僧君借录。以世之治温热证多泥于伤寒之法，不是妄汗，必是失下，此皆不读温热诸家之书之故，亦即少有温热专书流传之故。爰亟付刊，以救偏弊。

医脉摘要

清·萧廉泉著

本书上、下两卷，署为“萧廉泉先生所著”。同社陈龙池君，从友人李宇仁君处录示。李君酷嗜医籍，亦在旧书肆中所得原署“希琴叠研斋主人手抄”，未刊稿也。其间，鉴别证候之疑似，并验舌诊脉之方法，附以时方歌、药性赋，为医学入门之阶梯。与《医阶辨证》互相发明，古今医籍中不可多得之作。惜未审萧先生何许人也？有知者，应惠函相告，俾表扬以志勿谖。

崇实堂医案

清·姚龙光著

本书一卷，首列《刍言》一大帙，所言皆道破医界积习，为清丹徒姚龙光先生之遗著。自述因抱恙极危就医，咸束手，且受诊视上之留难等痛苦，遂发愤矢志研究医学，故所记症，胥为疑难不易治疗者。先生以己饥己溺之怀，细心诊断，而得霍然；且探原竟委，说出病之所因，治之所据，为临诊者，开无限法门。前蒙社友张相臣君寄惠，又荷函命刊入本集，以惠医林。遵特付刊。

千里医案

清·张千里著

张千里先生，清季名医也。江浙同道咸知先生在日之其门如市，将遗稿医案互相争抄。前年社友凌君永言，曾亦录惠一本，并附跋语，因循不刊，深负热忱。今因本集编辑之初，社友姚光祖君又以同书见惠，且加以校评者，遂用姚本付刊，并将凌跋附之，以志二君共抱阐扬先贤幽光之志也。书分五卷，所记之案，轻灵敏活，别具慧心。开卷读之，足俾后学洵无俟。刊者多赘。

医学课儿策

清·高上池著

清·王旭高加注

是书为无锡高上池先生未刊之遗稿，经清季王旭高先生加注，社友周小农君录惠多年，前次第一集编辑未及刊入者。书用对策体以课儿之作搜为一帙，计三万言。无言不法，无法不经。盖为人父者，无不期其子之成，故与他项著作自有不同之处，学医得此教师有不成为国手者，未之信也。望读者回环三复，方知余言之不谬，尤望购者勿因书值之轻，而并轻其文也。

经历杂论

清·刘吉人著

中国医书欲求其别具卓见、学说不雷同者，实鲜见焉。京江刘吉人社友经验宏深、见解特异、著作等身，惜皆未付剞劂。本社在绍时荷寄书稿多种，乃因偏隅之处印刷未便，遂致鸿篇谠论湮没有年。现在书经付刊而刘君已先物故，濡毫至此不禁泪潸然下也。本书亦其遗作之一，所论多别开生面之文。读其书者，要知先人一言一句皆从呕心绞脑而来，未可等闲视之。

痢疾明辨

清·吴甫恬著

本书一卷，亦属未刊稿本。系社友常熟吴玉纯君所录惠，为暨阳壶芦山人子虚子吴士瑛甫恬先生手著。其自序题“折肱心悟”四字冠之。盖先生治痢之法经四十年之久而著此书，自有心得，可慨想矣。书中辨痢疾分六经、列四纲，自初症以至坏症及老人虚痢、体息痢、产后痢、胎前痢、噤口痢，详论古今方法之得失，间附治验各案，允称治痢专书。临证医家，当人手一篇也。

伏邪新书

清·刘吉人著

粤稽古今载录治六淫新感者，法赅理尽；治六淫伏邪者，略焉不详。是以临证之医，辨别未易清楚，夭枉者多矣。本书亦为刘吉人故社友之遗著，分伏燥、伏寒、伏风、伏湿、伏暑、伏热而列论。六气伏邪，条分缕晰，事事皆从实验中得来，开后学无数法门。洵谓发古人未发之旨，立古人未立之法。不特嘉惠医林，抑亦泽及病黎先人。特别见解笔之于书，吾侪现成获读，何幸如之。

鬼遗方

齐·龚庆宣撰

《医学大辞典》曰:《鬼遗方》五卷,刘涓子得之于山中鬼物,后传其姊之从孙龚庆宣。原本草写无次第,龚氏得之厘为五卷,并为序于篇首,以详其原起。书中于痈疽金疮之部位及治疗法颇详,所用药品少于《千金》、《外台》而多于《伤寒》、《金匮》。观其制方之法,确为魏晋人手笔,实中医外证治法之最早者云。据此,则此书之价值可知,惜世少传本,今本社裘君吉生不自秘而公诸世。

医医医

清·孟今氏著

医医医三字,骤观之似奇特不可解,换言之,即医治医生之医法也。书分三卷,分则每卷成一文,合则三卷为一篇。一气呵成,切中吾中国医界之病,其所设医治之法确为根本之谋。前年部分取缔中医之时,本社在绍时征得全国之意见书无数,欲求如是书之所计划者,绝无仅有也。裘君吉生录自何廉臣社友藏本,今特刊行,以供全国同道之谋保存中医者之采择焉。

察病指南

宋·施桂堂著

本书三卷，为岘山施桂堂先生所著，裘君吉生旧藏手抄本也。施先生儒而医者以贤，宰官而任司命之职，用由博返约之法，著此脉学书，以贻子孙，不求人知也。其间诊法，如定四季六腑平脉，与夫七表八里之主病，分见于两手三部者，亦本于圣贤遗论。特推而广之，触类而补之，其他言之未甚昭著者，附以己意发明之。夫脉学少专书，本社刊本亦独少脉学书，爰特付刊。

温证指归

清·周杓元著

《温证指归》四卷，江宁周杓元先生著，亦本社裘君吉生旧藏抄本也。第一卷论温证之因，引孙真人至近代诸贤，穷源竟委，言所以与伤寒不同治者，谆谆再三。第二卷论温证之治，详载证候变化，兼瘟疫重症。第三卷为汇选温证应用之方。第四卷罗列温证治验之案，是类切实发明之书，不特治中医学者自应购备，即西医之研求学问而欲探讨古医法者，亦当争先一读。

女科折衷纂要

清·凌嘉六著

本书清吴兴凌嘉六先生之遗著，乃兄晓五先生鉴定之未刊稿本也。为哲嗣永言社友所假录，又经同社沈仲圭君校勘一过，为女科中切于实用之书，非徒以议论为事之本所可同日语焉。盖凌氏藏书既富，经验又深，昆玉二人著作等身。本社在绍刊行《医学薪传》一卷及第一集中《外科方外奇方》四卷、《咳论经旨》四卷、《凌临灵方》一卷均为凌氏之稿，开卷有益，读者自知。

延陵弟子纪要

清·曹仁伯遗著

吴秋山录

本书为清名医曹仁伯先生之医案，系当时门弟子纪录者原稿。荷刘哲明社友寄刊，其间所纪皆可为后学临证之范。吾人在柳宝诒先生《四家医案》中读曹先生案，无不欲窥全豹，冀获先生之未刊他书而尽读之。今《琉球百问》、《琉球问答》、《奇病论》、《曹氏医案》、《过庭录存》与本书皆得并而刊行，想可称为完璧矣。寄稿者、刊行者及购读者无不同此忻幸，自秘之辈当有所感。

过庭录存

清·曹仁伯遗著
刘哲明录

清名医曹仁伯先生之遗著，为世所重，惜未易觅得。本社前已在《国医百家丛书》中刊行张汝伟社友录寄之《琉球百问》，前集又刊《曹氏医案》本集，计《琉球问答》、《奇病论》、《延陵弟子纪要》并本书共可称曹氏全书矣。本书之稿亦承社友刘哲明君录惠。刘君承先启后之志有足多者，当代读者馨香顶祝不已。愿世之医者各以刘君之志为志，一祛从前自私自秘之恶习，为何如？

医中一得

清·顾仪卿著

夫医之为道，贵乎实验。裘君吉生藏书至数千种，不以大部凑集众说之书为重，恒谓单本小册之著作往往出自心得，多有发明之处。如外科王洪绪《全生集》、内症王清任《医林改错》等，立论不多，要皆独具创见，尤以所载方法无不历经试验，遂有不屈不挠之学说垂示于人。此书系顾仪卿先生所著，为裘君假录于同社曹炳章君。亦因其所论皆属心得，刊以裨益医林也。

医学说约

清·秋田散人著

夫中医载籍，汗牛充栋，欲求提要钩元成一种有系统、合乎科学法程、约而精当之书，洵戛戛乎其难哉不为。裘氏读有用书楼藏书中，有秋田散人所著《医学说约》一卷，足以当之。其内容先提纲后分目，提纲下别列风寒暑湿等门立论，分目下由风寒暑湿等门中再列各门之见证立论，论中又各列证因脉治。淘沙取金，引经据典，一书已赅万卷，爰特付刊，以惠中西医家。

医学妙谛

清·何书田著

青浦何书田先生《医学妙谛》三卷，久为医学界所搜觅而不可得之书也。虽前年本社刊有社友何廉臣君重订本，然既不能全部杀青，如神龙之见首不见尾，尤未能存其原体，若庐山之已非真面目也。读者难免遗憾。裘君吉生前以他书向何氏交换，得录原本，藏诸箧中。今趁此刊行，以慰众望，想同志中亦必以先睹为快焉。至本书内容之分门别章，朗若列眉，无俟再赘。

发背对口治诀论

清·谢邃乔著

本书一卷，清·谢邃乔先生所著，并谢氏世传《外科秘法》一卷，附以扬州存济堂药局膏方，为其孙翼为先生在道光年间辑印以分送友人。惟版毁，书鲜流传，本社裘吉生君爰将所藏手抄本刊行。因其间完全属经验之方，近来中医外科退步，凡遇发背对口之大症，往往束手；西医之有学问而收觅古方者，又日见其多，裘君不自秘，以供中西医者之求，微特为谢氏传书也。

脚气治法总要

宋·董汲著

纪晓岚先生叙本书提要："臣等谨案：《脚气治法总要》，宋·董汲撰。汲所著《旅舍备要》已从《永乐大典》裒辑成书，别著于录。此书则专治脚气方法，取所试用已效者辑而传之，《宋史·艺文志》、陈振孙《书录解题》载有一卷。其本久佚，今亦惟散见《永乐大典》各部中。分条排比，尚多完善，谨以类相次，厘为二卷"云。据此，则本书之可宝贵已无疑义。裘君吉生特将钞藏本刊行于世，以公考古家。

集验背疽方

宋·李嗣立著

凡国医学专科之书，恒多实地经验之法，此不特业中医之人士同欲搜求，即近时治西医之学者亦亟思收觅也。本书为宋·李嗣立先生撰，虽《四库》收之而未得见其书也。至成书之原委及内容之价值，已详《四库提要》中，读过《四库提要》者，无不急谋先睹之为快。本社裘吉生君钞藏多年，视为珍本，今亦公诸同好，想不特吾医家之欢迎，凡好古金石家亦欲备以为考据焉。

伏瘟证治实验谈

清·蒋璧山著

本书为蒋璧山社友惠寄新著稿本，发明瘟证之由伏邪蕴蓄而成之理，及其治之之法，皆从实地经验所得而成书，并非凭空立论为理想之文章，故名《伏瘟证治实验谈》。计分病原、症状、诊断、治疗四大纲；而于治疗中，又分初起期、中泛期、终后期三期。以科学的方法，编国医之载籍，沟通新旧，融冶中西，允称医界津梁，堪作后学圭臬！刊行于世，当必为中西学者并重视焉。

肯堂医论

明·王肯堂著

名人著作，无不为后世人所赞赏，文学且然，何况关于人命之医学哉！王肯堂先生辑刻《医统正脉》，则自《素》、《灵》以及金元诸家各书，赖以相传。其他如纂述《六科准绳》，亦为集医学之大成。然欲觅先生一字一推敲之自著医书，恐求之不得也。本书三卷，与第一集中之《灵兰要览》，皆即先生之手泽。本社裘君吉生，藏之久矣，视为拱璧，今一一刊行，以公同好，想有目者同赞赏焉。

伤科方书

清·江考卿著

金履升录存

本书为未刊稿，荷同社金履升君录寄。《本草衍句》亦即金君所觅稿，金君之热忱高谊，有足多焉！至此书内容，真是中国不传之秘，如断死证秘诀、秘受不治各法、一切受伤治法及秘传各方，皆非历经试验，岂能有此斩钉截铁之说。吾知此类中医失传之方法，近世西医中有切实学问、留心古书者必得，作一大好之参考材料也。末附金君施送多年之验方，为尤佳。

和缓遗风

清·金子久著

本书为德清金子久先辈之遗稿，亦荷刘哲明社友所惠录寄刊，系金先生出诊纪录之方案也。其辞句多用对偶，骈四骊六、出言成文，为古今医案中得未曾有。至临证之老到，于负责之中，语语卸却干系，在近世人情漓薄之时，为名医不可不具此种本能。亟刊以作吾侪范本。内有治吾绍曹萃华一案，更足钦迟其当时之名不虚传也，因曹证绍医多知不治，讵竟起沉疴。

证治心传

明·袁体庵著

本书为明末秦邮袁班体庵先生之遗著，经珠湖赵观澜双湖先生之加评，有兵部使者溧阳史可法序，本社裘君吉生向已故社友徐石生君重值兑得之钞稿。书名《心传》，盖袁先生折衷诸家，益以临证经验之心得之传也。史序赞其为“阐古今所必由之理，实天人所未见之书。俾后进者引而伸之，平时得之于心，临证应之于手，裨益苍生，非浅鲜也”，云其为好书，已可知矣。

金氏门诊方案

清·金子久著

医案如刑案。刑案有法外之法，开治狱者之心灵智巧；医案有方外之方，助临证者之圆机活法。然古今医案多矣，善本亦不少，惟欲得一合于地、宜于时，有裨近日医林之作，未易觏也。大麻金子久先辈，名驰江浙，门子弟百数十辈，治病如折狱，断诊老练，用药轻灵，所谓合江浙时宜之法也。刘哲明社友在高足之列，录有本书之稿，荷其寄刊，其志不特为先师传手泽已也。

长沙正经证汇

日 田中荣信编

治国医学者，莫不宗张长沙为医中之圣，而《伤寒》、《金匮》两书，亦为必读之经，故注疏是两书者，奚啻百数十辈，要皆为读者谋便利计焉。然吾人尝主张须用科学法整理古医书，俾一览了然，无望洋生叹之感。是书为东洋传本，将长沙书中各证，因类而汇之，某证用某方，一考即得。若有能仿其式而编各书，则研究古医书，自易入手也。本社裘君将藏本付刊者，抱此希望焉。

治痢捷要新书

清·丁子良著

痢多险证，世皆称为难治，古今来又少专书，临证易于错误，毫厘千里，动关人命。近贤丁子良先生，手著本书，论痢证之病原，列痢证之变化，设痢证之治法，集痢证之药方，列大纲，分细目，头头是道，井井有条，约而不陋，博而不泛，简捷精要，允称新书。爰特刊入集中，以广流传，俾临证者得其一助。与本集吴氏遗稿《痢疾明辨》两书互相参勘，从此痢无险证，又无难治之虞矣。

素问校义

清·胡澍著

读书最忌囫囵吞枣，不加推敲往往反为书误。所以古人有尽信书不如无书及读书不可死于句下之戒。盖欲吾人读书必须望文生义、举一反三，读古经书尤不可不旁引博采，以资考证。前集有俞曲园先生《内经辩言》，俾医家读《内经》者知所正误.。今本书又能高出其上，全元起、王冰之原注为其指谬纠讹者许多，与俞书所谓二美并焉。书为胡澍先生著，裘君藏本也.。

中风论

清·熊叔陵著

医界公言，尝云国医之学，其可疵者，在无科学系统，往往徒凭理想立论，殊鲜实际。如中风一证，聚讼纷纭，主寒主热，主虚主实，对于治法，莫衷一是，遑论病理。本社裘吉生君，藏有陈修园先生鉴定熊叔陵先生《中风论》一卷，独出心裁，论中风之病所病因，原原本本，切切实实，如洞见症结，不谋而与西医曰脑出血同，特名词上有异耳。爰亦刊入本集，以备中西大家之参考。

琉球问答奇病论

清·曹仁伯著

前清曹仁伯先生名盛一时，日诊百数十人，皆属四方之疑难症候来求救治者。其治案柳宝贻先生所选《四家医案》略见数则，余皆湮没无闻。本社在绍时刊行《国医百家丛书》中有《琉球百问》，即先生答琉球国弟子之所问。稿为常熟社友张汝伟君录寄。书既流行，福建黄良安社友将尚有先生遗著《答琉球弟子奇病论》稿一卷，亦即邮社付刊。善与人同，当为二社友颂焉。

羊毛瘟证论

清·随万宁著

有不可思议之病，自有不可思议之方。病名之奇，如鼠瘟、獭疫，盖由鼠、獭传播其病原因而名之；如鸡胸、龟背，盖因形状酷肖其鸡、龟遂而名之。惟羊毛瘟证，擦之确有一种似羊毛之丝而出，且擦出其毛而病即解。然而细审其形，却又非的是羊毛。详考其原实在乃属于温疫，因之为羊毛瘟，是又奇之又奇也。本书为裘君所藏，与前集治蛊法同称治奇病之奇书，不可不刊。

走马急疳真方

宋·滕伯祥著

疳、痨、鼓、膈，为杂证中之四大重病，素称不易治疗。至疳证中走马牙疳，尤为措手不及，常见早发夕死，所以有急如走马之喻。然吾国古时，越是急证，越有灵方，惜为医生口口相传，所谓传媳不传女，秘之秘之，以至失传。近来西医之研究古方者，很注意此种失传之秘方，洵足钦佩，本书即其一种也。记为滕氏所秘，观其药，皆隐名，可以知矣。裘君特将重值觅得之藏稿印行。

医学辑要

清·吴小珊编

《医学辑要》四卷，清·山阴吴小珊编。吴氏博涉经史，旁通医学，虑脉理精奥，不易领会，爰采名论加以折衷，述为是书。卷一论神色、声气，盖望闻之法也。卷二、卷三详论脉理，则切法也。中有诸病宜忌脉，趺阳、少阴脉说，为他书所略。卷四为方祖、医学要领、杂录，亦系名言谠论，足资玩味。综观此书，简要明白，卷帙纵不繁多，脉要已尽于是。学者由斯以进，其于诊断一门思过半矣。

阴证略例

元·王好古著

治病不难于用药而难于辨证，苟诊察精确，洞如观火，则选药处方原非难事。然辨症尤以阳极似阴，阴极似阳为难。盖稍不留意，死生立判，能不惧哉！本书为海藏先生遗著，辨阴极似阳证极精，上自轩岐，下迄洁古，掇其精要，附以己说，共三十余条，有证有药，有论有辨。末附海藏老人治验录，尤足瀹人性灵。学者熟此一篇，不但于阴证确有把握，即阳证亦可一隅三反矣。

疡科纲要

民国·张山雷著

疡科本是医学之一子目，与内证息息相通。《金匮》、《病源》、《千金》、《外台》为内科学之总汇，而列痈疽疮疡诸症。可见内外二科自昔本不分途，迨至宋金以降，始有专书，要皆无确切之发明。余听鸿辑《外证医案汇编》，书虽佳妙，然偏于内证论治，未详外治方药，尚不足为学者益智粽。本书系朱阆仙先哲世传心法，经高足张寿颐编述者，内外治法悉备，于是个中秘旨尽情显露矣。

医验随笔

清·沈奉江著

方书所载之因症脉治有定，而临床诊治则变幻无定。是故医生于精研方书之外，尤当熟玩医案，庶几神明变化，活法在人，不为疾病所困矣。本书系无锡中医友谊会理事沈奉江先生口述，门人周逢儒君笔记。案虽不多，而诊断之精确，用药之工稳，直可上追古人，下启来学。盖沈君为孟河马培之征君高足，学有根柢，识超侪辈，曾著《全球医通》一书，日久遗失，知者惜之。

历验再寿编

清·童月轩录

人不能无病，病欲求愈，则赖于医。医之效否，则系乎方。吾国成方浩繁，有经方、时方、单方之别。经方时方，非个中能手莫能施用。惟历验单方，人人能知。既便于马足船唇，复裨乎寒家贫士。且其奏效，有胜于经方时方者，此世之慈善家所以汲汲焉以刊传单方为急务也。本书为童月轩家藏抄本，方剂简单，药无贵品，历试亲友，活人甚众。承王理堂社友惠寄，爰亟寿诸梨枣。

仿寓意草

清·李冠仙著

《仿寓意草》二卷，有清丹徒李文荣冠仙著。先生表字如眉老人，有《知医必辨》一书，本社已刊入木版医药丛书第一集。读是书者，咸佩其议论翔实，非斫轮老手不能道只字。本书为其治验案，所记多棘手之症，所用无怪诞之方，而论病之透辟，足与西昌颉颃。较诸《薛氏医案》之语焉不详，《临症指南》之效否不知，奚啻上下床之别，真医案之上上乘也。爰亟刊行于世，以供同好。

毛对山医话

清·毛祥麟著

医家之医话，犹儒家之笔记，最能益人神明。本书曩载周雪樵《医报》社友卢育和君手录惠寄内容。或究症治，或道经验，搜罗丰富，谈理玄妙，足与《冷庐医话》、赵氏《医话稿》相匹敌。毛氏自言，余初读《灵》《素》，觉其经义渊深，脉理错杂，每若望洋意沮，继复并心一志，遍觉前贤注释有所疑，则整日默坐苦思，乃渐通晓。每调气度脉，浪决人生死，亦时有验。观此则知三折肱于是道矣。

女科辑要笺疏

清·沈尧封编
徐蔼辉补注
张山雷笺疏

女科之有专书，自陈良甫《大全良方》，而后当以《王氏准绳》最为丰富。而武叔卿又依据《准绳》别为《济阴纲目》，门分类别，非不粲然可观，而读之辄觉陈陈相因，腐气满纸者，以裒集古人空泛议论，绝少切要发明，以之临症讵能收效？本书系沈尧封编辑，王梦隐参注，久已誉满医林。时贤张山雷君复逐条加以笺疏，语语深入，洞见症结。吾于女科叹观止矣，爰亟刊行以飨同志。

鲙残篇

清·沈萍如著

《鲙残篇》一卷，会稽沈萍如著。市上极少传本，本社主任裘吉生君藏书中之秘笈。论说传记十有七篇，或论药品，或谈病理，或辨伪讹，或释古方，胥能发摅心得，成一家言。自云：幼客江宁，因水土变迁，屡婴疾病，卧床兼旬几弊者，屡守中医而获愈。既愈，留心医学，欲为却病计，非敢存医人志也。可见，其于此道探讨有素矣。中医之有发明者，辄在小部书籍，读此可为吾言一证。

重订喉科家训

民国·刁步忠著

民国·刁质明编

喉痧为急性传染病之一，治疗极难，近世专科大都只解针刺，不谙方治，亦非尽善。本书为刁步忠遗著，哲嗣质明，复加编辑，首取《内经》精义，发明三阴三阳、运气胜复、脏腑经络，以明其原；次叙诊断识经，辨虚实，决生死，以识其症；又次详述内外治法，以致其用，其丸散传自先世，尤为可贵；末言白喉喉痧之各异，而于喉痧讨论尤详。全书分四卷十二章，简明赅备，洵属名著。

外科学讲义

清·刘吉人编

外科为十三科之一，自来颇鲜善本，惟徐批陈著之《外科正宗》、窦氏之《疮疡经验全书》堪称名著，然是私家著述不合学校之用。京江刘吉人前哲，殚精医学，内外兼长，清端督考医，先生名列优等。本社曩刊《察舌辨症新法》业已一再毁版，即系先生大著。是书独摅心得，精选众长，外科应用之学详述无余。外此，若疔毒、霉毒、疥疮、痔疮，论列尤精，末附小儿丹毒各方，颇便病家。

医　余

日　尾台逸著

《医余》三卷，东医尾台逸士超著，分命数、养生、疾病、治术四篇。自汉史至诸子百家，有言涉医者，分类选录，遇会意处，加以评语，附以笺注。不但为医家必读之书，亦系儒家参考之籍。曩昔医儒本不分途，即降至近世，如徐灵胎、陈修园辈，胥于文学具有根柢。

盖胸无点墨者绝不能读岐黄、仲景之书，不读岐黄、仲景之书，讵可悬壶问世？然则吾同道乌得屏儒家言而不寓目哉？

伤风治证约言

日 后藤省著

《伤风约言》，东医后藤省仲介著。书分伤风名义、六经辨解、伤风大意、浅症治例、深症治例、闭症治例、脱症治例、脉论八章。门分类别，意正辞达，风症专著，当之无愧。特所谓风者，即寒是也。盖风寒本系一气空气，流动则生风，风生则空气转寒。后人严为分析，徒见其谬。至风之伤人，初袭于经，继逆于府，讵有六经之别？后藤洞明斯义，毅然有《伤风约言》之作，持论虽辩，理想实正。

解围元薮

明·沈之问辑

《解围元薮》四卷，明·沈之问辑，黄乐亭参订，为疯癞二病之专书，分疯三十六种，癞十四种，集方二百四十九。条分缕晰，明白畅晓，疯、癞二病可无忧矣。本书为越州某老医所藏，视如拱璧，曹炳章君以重资向某医购得，而毁于火，未刻流传。嗣某医老病缠绵，呻吟床第，资财已尽，病亦垂危，请何廉臣先生诊视，竟以此书为酬。本社以他种书籍向何氏换得，亟付梨枣，以供同好。

丹溪脉诀指掌

元·朱震亨著

医师治病，首重诊断，诊断既确，对症发药，效如桴鼓。中医诊察方法，向以望闻问切为指归，而脉学为尤要。盖凭脉断症，确切不移，按脉知病，夫岂讹言？特是吾国医籍纵有汗牛充栋之誉，而精详切用之脉学专书不甚多见。本社有鉴于斯，前曾刊行《玉函经》及《诊脉三十二辨》，际兹三集开印，特再精选《丹溪脉诀指掌》一种。系京江刘吉人前贤较正，选录内容精美，读者自知。

医学体用

清·王香岩述
沈仲圭录

中国医学可分二派：一、专事著作而鲜临症；二、专门行医，乏暇著述。故汉唐以后之书，善本固多而纯凭理想，人云亦云者亦不鲜也。本书系四明王香岩先生临症四十年之经验方法，由弟子笔述而成，共二十余篇。每篇论一症，每症先述因证脉舌，次处方，次方义。明白畅晓，如饮上池，学理经验冶于一炉，诚名著也。承沈仲圭君录寄，多年因循未刊，爰亟编入本集，以供同好。

疝癥积聚编

日　大桥尚因著

《疝癥积聚编》一卷，张洲海西大桥著。内分疝作诸证说、诊疝法、诸疝、诸积、治验、寒疝诸方、积众治方论、药说八节，为疝癥之专著。而末节辟下剂治积聚之非，尤有心得。海氏少时肄业于京师驹御医，生平治验，奚啻千万。尤精疝癥，爰著此书，以诏来学。其自序云：《外台》之石疝、盘疝等症，即今之腹痛，照法治之良效，然亦有不除根者，乃自制专方治之得愈，可见其用心之苦矣。

医易一理

清·邵葆丞著

欧西医学恐基于科学之上，中土医学恐基于哲学之上，而哲学实以易为鼻祖。本书系江夏邵葆丞先贤著作，周毅人社友惠寄，以易理解释医理，故曰医易一理。内容于五赃六腑气血阴阳多所论述，而太极两仪四象八卦配五脏周身图说，太极两仪四象八卦督任呼吸天根月窟人身图说，二篇尤为推阐尽致。学者能于此究心，复参考西籍则于气化形迹两得之矣。

卮后方

明·喻政著

《卮后方》一卷，喻正之大令传。喻公从政夙有清水明镜之誉，复怜贫病困顿，及出斯篇流播。书虽不分类，而普通病症大略粗具，灵验成方，亦皆选入。穷乡偏壤马背船唇得此一帙，裨益多矣。周序谓：喻公侍其尊人疾，精思旁索，悴遇异人，传以是书而愈。则知此篇必为明医所辑，断非他种验方可拟。今之医士辄鄙之不寓目，庸知用之得当，覆杯而愈，有胜于经方、时方者矣。

医津一筏

清·江含征著

《医津一筏》一卷，一名《医津筏》，国朝江子兰撰。以经文为主，而分条疏论于后，本社藏有别本，名《内经释要》，内容从同，惟自序末少九十字，及标题下无辑校者姓名，度系翻印时所改易删节，因第一集《医经秘旨》刊行后，有姚光祖君之考正，谓其文多出《医津筏》，故已辑入本集，以存真相，乃荷高思潜君，亦以《内经释要》对勘相示，复承张叔鹏君以《医津一筏》原刻见惠，爰合校之。

许氏医案

清·许恩普著

方书所载之症治，与人以规矩；医案所记之验案，示人以活法。吾人习医固宜以《内》、《难》、《甲乙》筑其基，仲景及后贤治疗各书致其用，尤宜广阅名家医案，以明变化，不然，墨守成法，执方临病，岂能收覆怀之效哉！《许氏医案》一卷，许恩普先贤逐年之验案也。断证如折狱，处方若用兵，且言简意赅，一目了然，洵为医林之羽翼，后学之楷模。爰刊行世，想同道诸公亦必先睹为快乎。

医经读

清·沈尧封著

《医经读》一卷，清嘉善沈尧封著。沈氏为王梦隐外舅，其《女科辑要》二卷，久已脍炙人口。本书系就《内经》分平、病、诊、治四集类纂，间附案语，多昔人未发之旨，足以阐明经义。所谓平集者，平人之生理也。所谓病集者，病人之病理也。所谓诊集者，诊断之方法也。所谓治集者，疗治之法术也。按《内经》分类编辑始于张景岳，继之者有薛雪、汪昂诸贤，然皆不如本书之具有科学思想。

摄养枕中方

唐·孙思邈著

医药疗人于已病，摄养治人于未病，人能注重卫生，不敢斫伤，即废医药，庸何伤哉！本书系孙真人著，内分自慎、导引、行气、守一、太清存神炼气五时七候，各节其自。序云：余搜求秘道，略无遗余，自非至妙至神，不入兹录，诚信诚效，始冠于篇。可见其价值矣。按：思邈了道登仙，其所著录皆属道家秘旨，学者循序以进，延年却病，可操左券。爰亟付刊行世，以备卫生家之参考焉。

灵药秘方

清·师成子著

吾国古时外科既精解剖，复具灵药，惜自秘太甚，失传于世，故世医所得不过升降数方而已。此书系蒲东师成子著，古歙方成，培订奇方秘论，皆世医所未闻。师成子康熙时人，幼习群书，长爱羲皇，因好仙道，云游四海。卒遇明师，道成而功行不足，乃壶中卖药，广济苍生。并将《灵药秘方》著之于编，嗣为方氏所得。其中分量皆为隐语，复细玩而订正之，盖与《鬼遗方》同其诡秘。

药 徵

日 东洞吉益著

本草始于神农，仅载气味主治，自陶宏景而后诸家著作日多，而经旨反晦。盖穿凿附会，夸言功用，按之实际，岂能收效？东洞氏有鉴于斯，爰著《药徵》，以徵其失。书分三卷，品共五十有四，每品分考征、互考、辨误、品考四项，拈仲景之证，以徵其用；辨诸氏之说，以明其误。且其所徵皆为驱疾要药，有功斯道，洵非浅鲜，如石膏宜重用，忌煅用，为张君经验之言，而先生亦早已论及。

评琴书屋医略

清·潘兰坪著

《医略》三卷，番禺潘兰坪著。外感内伤已备其要，潘氏因儿侄辈从师羊城，恐功课之暇，风寒不慎，饮食不节，因订外感、春温、暑、湿、泻、痢、疟、七症方与之，服后多效，爰增为三十三症，以利家者利世。说理通达，立方平稳，既无伏邪之患，亦无伤元之变。得此一篇不难，按病拣方，可免庸医药误，其功溥矣。细观全书，简明赅备，不偏不倚，而感冒分四时论治，春温不从叶法，尤有心得。

重楼玉钥续编

清·郑若溪著

喉科《重楼玉钥》早已盛行于世，习是科者，罔不奉为圭臬，不知更有精当切用之续编在也。本书为歙县郑氏秘藏，盖郑氏之喉牙科名垂数世，皆得力于此。且正编为仆人窃出，流传于世，故续篇益加重视。同治初年，周君邦彦，以数十青蚨得于旧书摊。以非专科，赠诸章社友之尊甫，亦无暇流览。洎媳患喉科险症，采用本书中方而愈，始共宝贵。后历次试验，无不立奏奇效。

伤寒论读

清·沈尧封著

《中国医学大辞典》曰：沈文彭，字尧封，清嘉善人。著《医经读》、《伤寒论读》、《女科切要》。先生医理幽邃，立说精凿，凡读过《女科切要》者，莫不钦折而欲得其全集。无如沈氏之书，除女科外，其他二种不但坊间未见，即《四库提要》、《医学大辞典》亦未载及，可知二书之向未雕版矣。本社夙有藏本，趁此大批刊书之际，将其遗著一并付印，其《女科辑要》复经时贤张山雷疏笺，尤为尽善尽美。

药徵续编

日 村井村著

《药徵》为东人东洞吉益著作之一。徵药五十三品，伟业未竟，人遽云亡。弟子村井续徵十品，附录七十二品，辨古之妄，释今之惑，定正考核，十易寒暑，盖亦煞费苦心矣！按：东洞为彼邦复古派之有力分子，学问渊博，著述等身，从游者数百人。村井尤能传其衣钵，治旧疴，起废疾，名振西海。尝谓及门曰：仲景氏方法者，疾医之道也。苟不经圣人制作之手，安能有如此方法乎哉？

上池杂说

明·冯元成著

《上池杂说》一卷，明·冯元成撰，亦医话也。文虽不丰，持论极精。其第四条引邵尧夫之言曰：百病起于情，情轻病亦轻。冯君复畅其说，谓人生以气为主，情过喜则气散，怒则气升，哀则气消，劳则气耗，惊则气乱，思则气结，欲则气倾，寒则气收，炅则气泄，病由之作矣。识破知节，病亦稍损。是即近世所倡之心理疗法，而中医早明斯理。本书阐奥辨误，大都类是，爰举一则，以概其余。

暑症发原

清·李识侯参订

夏日离阳用事，湿土司令，天之暑热下降，地之湿浊上腾，人如调护不谨，诸症丛生。或袭于表而为伤暑，或蕴于里而为伏暑，或湿伤太阴而成湿温，或暑伏荣分而成痎疟。仲师《伤寒论》虽赅括六气，然略于痎症，矧寒入暑经，足入手经，致病之途尤相径庭。本书系李识候参订，先论初夏之湿温，次述季夏之暑病，终及秋令之伏暑、疟痢，条分缕析，明白畅晓，诚暑症之科律也。

徐渡渔先生医案

徐渡渔著

医案一类，颇难悉举，包罗宏富。如《名医类案》，论病透彻；如《寓意草》，用药轻灵；如《临症指南》，据经断证；如《罗氏治验案》，固为医者所必读。即近贤之书，如《王氏医案》、《凌临灵方》、《久峰医案》、《子久医案》，亦足为参考之资本。书为张伯瑜社友录寄，系徐渡渔先生日诊医案。分温病、疟、痢、杂症四类，其温病中更区为春温、夏暑、伏暑、冬温四小类。案语简明，方药恰当，方之王凌诸氏，诚不多让。

行军方便便方

清·罗世瑶著

《行军方便便方》一卷，世无传本。其编采录不限医家方，方皆极简便，既便行军，复利村落，有功世道，洵非浅鲜。查自来验方，亦极伙颐，然非闻诸道路，即系录自医籍。欲求收采广博，方方简验者，不可多得。本社主任裘君吉生，阅书甚多，少所许可，独于是编，赞美不止。书由北京徐燕庭社友惠寄，内如耐饥方、枪弹自出方，胥极名贵。爰编入本集，播诸医林仁人翻印，功德无量。

第三编　《珍本医书集成》九十种提要

内经素问校义

清·胡澍著

《黄帝内经素问校义》一卷，清·胡澍撰。澍字荄甫，绩溪人，精于训诂。是书以宋本《内经》为主，用元熊氏本、明道藏本及唐以前载籍勘正之，全元起王太仆旧注之误，多所摘发。盖以汉学考据之法，而施之医事者也。清儒以汉学家法治医者，别有孙渊如顾观光之辑《神农本草经》、俞曲园之《内经辩言》，并此而四矣。

内经博议

清·罗东逸著

本书罗东逸著。罗氏《名医汇萃》已名闻海内，与本书同少流传。且其学说，参《素》、《灵》之奥义，为国医之基础，《内经》运气之理，阐发无遗。名医叶子雨评吴氏《温病条辨》曰：运气之学，皓首难穷……全元起以下数十家，皆随文铨释，未能实有指归，唯罗东逸之《博议》差强人意。本书之价值可知。其论生理皆天人合一之旨；论病理皆根据经文之意；至诊断治疗，无不引证经义，洵一部《内经》大注解也。读《素问校义》，使学者则古书之奥文可考。读《内经博议》，使学者则古书之精采乃明。

难经古义

日 滕万卿撰

《难经古义》二卷，日本滕万卿撰。《难经》旧有滑寿《难经本义》二卷，所采凡十一家，诵习者皆以宏富多之。滑注多笃实，亦有随文顺释者。是书所释，时有新意，间视滑注为胜。《难经》传写既久，文字恒有错简，滕氏为前后移易，故编次亦异于旧本。明方中行、喻嘉言，更迭《伤寒论》篇章，著《伤寒条辨》及《尚论》篇。此书以己意更易八十一难，盖《难经》注家中之方喻已。

难经正义

清·叶子雨撰

《难经正义》六卷，清·叶霖撰。霖字子雨，扬州人，是书辩论精赅，考证详审，为《难经》注疏中之善本。《难经》本以阐发《内经》为主，顾辞意有与《灵》、《素》违异者。是书取《内经》经文，一一排比、核其异同而会通之，诚深得徐大椿《难经经释》之旨矣。叶氏所著，别有《重订伤暑全书》、《伏气解》、《脉说温热经纬评》已由本局与三三医社刊行。闻裘氏读有用书楼收藏者尚有《伤寒正义》、《素问正义》、《温病条辨评》诸稿，其学问渊博，而温病尤有心得，故是书于伤寒、温病之变革，尤剖析入细也。叶氏咸同间人，时西医学已流入中国，是书诠释《内经》，杂采西说，亦前此注家所未有者也。

古本难经阐注

清·丁锦注

书分二卷，清乾隆丁履中锦注。《难经》传本颇多，注家亦不下数十家，要皆以沿讹踵谬。此本丁氏得之于武昌参政朱公，乃晋王叔和医范三经之一也。与坊本大异，如相较，错误有三十余条之多。丁氏益以高深之学阐注之，俾《素》、《灵》经旨曲畅旁通，是为不易得之书焉。

神农本草经赞

魏·吴普等述
清·叶志诜撰

本书三卷，为吴普原本，叶志诜撰赞，又附月令七十二候赞。《神农本草经》原本甚少，叶氏以别出心裁，用古博文字，每首撰成四言赞文。尤恐后人费解，又自加诠注，令读其书者，别饶异趣，于古经自然熟记不忘矣。

本草择要纲目

清·蒋介繁著

本书二卷，清·蒋介繁著，其子雪洲，刻于康熙年间。数百年来，版毁可知，是以世所罕见。蒋氏本儒者，为心存利济而研究岐黄学。以《本草》与《素》《难》并重，尤以各家本草繁芜不精者多，爰择必用要药三百六十余种，每种下注明气味主治。纲举目张，意赅语简，洵学医者之指南也。

本草撮要

清·陈蕙亭辑

本书十卷，清当湖陈蕙亭辑。陈氏亦儒而医者，其辑本书之意，犹本草述钩元之钩元。所收药品较《本草从新》略减，较《本草备要》略增。其最能有益于医林者，即每药下有某药合某药即治某病，俾读者心领神会，得处方之法矣。

本草思辨录

清·周百度著

本书四卷，为越中宿耆周百度先生著。先生因病而误于医，遂穷研医学。著有《六气感证要义》，更以治病重在药物，以博思明辨之旨，论药一百二十八种而成本书。中多精湛之言，首列评论中西医学一篇，尤能发人猛省。刻版后由三三医社借印百部，余鲜流行，爰为辑刊，以广其传。

食鉴本草

清·费伯雄撰

《食鉴本草》，坊本已见数种，附列各方，亦已刊行，惟对勘多有异同。此本为费伯雄所撰，未见流传，且内容亦较他本为佳，颇合家庭卫生之用。若能家置一篇，随时检查，不致有病从口入之虑也。

订正太素脉秘诀

明·张太素述
清·刘伯详注

太素脉诀，探源河洛，秘阐苞苻，抉《内经素问》

之微，穷叔和脉理之奥，以五行为基础，体一元而通变。凡人智愚贤否，寿夭穷通，富贵贫贱，疾病生死，皆可决兆于指下，洵脉理之上乘也。惜流传极少，即有数处翻本，亦因原版腐蚀，缺简错讹，一无补正。本书特请研究太素脉已有心得之士详加校雠，讹者正之，缺者补之，并加《太素脉诀考》一篇，斯为珍贵。

脉诀乳海

清·王邦傅纂注

清·叶子雨参订

《脉诀乳海》六卷，为王邦傅所作。王君以河洛之精义，发叔和之奥旨，而于营卫循行之道，尤深致意焉。其论理之精详，引证之博雅，为金元以后所仅见。夫王氏脉诀，流传已久，本为学医者所家弦户诵，今得王君以独辟之见解，发挥而注释之，其有裨于脉学，诚非浅鲜。名之曰乳海，乳者言其开食必先，海者言其含蕴无尽也。

诊脉三十二辨

清·管玉衡辑

本书为管玉衡先生手辑，精辨脉理，计三十二辨。其第一辨，大纲也。第二辨至第七辨，宗伯仁之六脉，著其所统，共得二十九脉，每脉各注其阴阳，肖其形象。第八辨至十三辨，则详叙十二经源流，不特尽脉所经行之处与诊脉之法。第十四辨至三十二辨，究极脉中变化，脉学尽是矣。且流传未广，浸将湮没，爰重加校订，以公诸世。

伤寒括要

明·李士材著

李中梓，字士材，明华亭人。有文名，因善病，自究方书，恒能治人所不治之病。王肯堂，亦名医也，患病剧，而李氏起之。经验所得，著之于书。市上流行甚广者，氏所著《医宗必读》、《内经知要》，然皆诱掖后学之本。其精深著述世所罕见者，尚有二书，一为《删补颐生微论》，一即本书是也。裘氏读有用书楼珍藏抄本，爰辑入本集，为研究《伤寒论》者多一参考。

伤寒寻源

清·吕茶村著

吕茶村著《伤寒寻源》，知者多而见者少，因家刻版成，印送亲友外，医家莫能得之。而知之者知其研究仲景书二十余年，探历圣之渊源，综诸家之得失，羽翼先贤，裨益后学。今重加参校，辑入集中，以飨觅而不得之同好。

伤寒捷诀

清·严则庵辑

《伤寒捷诀》一卷，桐城方则庵撰。读书难，读医书尤难，读医书中之《伤寒论》，尤为难上之难，此宋·许叔微所以撰伤寒百证歌也。本书将《伤寒论》分条成歌诀，俾学者易读而捷成，故名。且亦许氏之心为心，诱掖后进之苦心也。

伤寒法祖

清·任越庵著

清嘉道年间绍兴伤寒名家任瀛波先生，诊病常起沉疴，远近求治者，日日户限为穿。任氏称世医，得传于其祖越庵公，而越庵公则精究柯氏书，视柯氏《论翼》有错讹处，去繁从简，即成本书二卷。平素秘不示人，故未付梓，其稿为裘氏读有用书楼得而藏之，今为其刊行以公于世。

松厓医径

明·程松厓著

本书二卷，程松厓氏著。氏著有《脉法指明》、《医论集粹》，二书未刊行。本书虽刻本，罕见流传，扬州叶氏石林书屋原藏，嗣为绍兴裘氏所得，爰刊入本丛书，以公同好。

古今医彻

清·怀抱奇著

《医彻》四卷，清嘉庆云间怀抱奇著，历二十余载揣摩经验而成是书。卷一为伤寒，凡两感证至夹症坏症遗毒。卷二卷三为杂症，凡中风症至眼耳口鼻瘄瘫。卷四为女科，凡调经治带至胎前产后。末附医箴数则，尤属疗时下医家之通病。

医略十三篇

清·蒋宝素撰

王九峰、蒋椿田两医皆名盛一时。本书著者蒋宝素，为王九峰高足弟子、蒋椿田授业令子。以《九峰医案》、《椿田医话》互相参证，加以自己经验以成本书。

计十三篇，分十三卷，末附人迎辨、关格考两文。其学理方论之切合实用，可想而知，故当时潘世恩、阮元皆为之序。

医经小学

明·刘宗厚撰

本书六卷，明吴陵刘纯著。刘氏字宗厚，其父叔渊，朱丹溪之高足也。纯家学渊源，早年辑有《玉机微义》行世。本书分本草、脉诀、经络、病机、治法、运气六门，皆以韵语为文，便利于学，故曰：《医经小学》。书只万历刻本，原为慈溪耕余楼珍藏，绍兴裘氏自维扬旧书肆中重金购藏于读有用书楼。今既印行，世必皆有先睹为快之感焉。

通俗内科学

民国·张若霞辑

绍兴张若霞先生著。以科学的新理，说明病因病状，用中国固有之药方为治疗，而成本书。保存国粹，翳引新知，洵称融会贯通之创作。

杂症会心录

清·汪蕴谷著

著者汪蕴谷氏，生于清康熙年间，其父兄皆以名医世其家。汪氏丕承家学，上溯《灵》《素》诸经，熟研诸子百家。尤于《景岳全书》，窥其秘钥，观其会通。故本书论治五十四篇，所立治法，皆宗大易扶阳抑阴为主，即外感百病亦以养正祛邪为着手，盖本经旨邪之所凑，其气必虚之意也。汪氏学有渊源，文笔流畅，故论理颇精要，学者师其意而变通之，则应用无穷；若泥其法而概投补养，鲜有不误人者，是在读书之善用否耳。

鸡鸣录

清·王孟英著

海昌野云氏，为王孟英别号。荔墙蹇士，即其探讨医学之友汪谢城也。汪氏曾著《随山宇方钞》，凡王氏书，亦常经其评按。王氏著书十余种皆刊行传世，惟《圣济方选》竟难获见。《鸡鸣录》原有上下二卷。上卷即本书，自妇女、小儿、养生至内外各症计十七门，录方精要，论理透彻，又经汪氏评按。下卷为尤氏治例《杨氏咽喉十八证》及《蓬窗录验方》，皆为世人求之不得者。绍兴裘氏藏此稿本久矣，因发见下卷遗失，遂亟将上卷付诸剞劂，以免失传。

医学传灯

清·陈德求著

本书二卷，清康熙陈岐德求著，新安程云来评。内容则外感内伤诸证，皆有论有方，刻本罕见。此本系扬州名医叶子雨吟秋仙馆所藏，转辗而在绍兴读有用书楼，亦一不易得之珍本也。

增订伤暑全书

明·张凤逵著

清·叶子雨增订

本书计二卷，为明·张凤逵先生原著。版已久佚，经清·叶子雨先生由旧书肆中购得增订。自《内经素问》以至宋、元、明诸家之论暑者，无不采辑精华，聚于一书。凡一证之论治，一方之收采，张氏已列发明之语，叶氏又增订正之条。明病因焉，由春夏秋冬温暑寒凉，以至天时地气。辨病证焉，由寒暑证状各异，以至暑厥、暑风、暑疡、暑瘵、绞肠痧及寒疫、时疫。审诊断焉，由脉理而及于五运六气。设治法焉，由主方而及于备用方，附以痢疟类症。殿以名医品汇。有此一集，无事他求，允称全书矣。至世之患感证与治感证者，但知伤寒之名，而不知伤暑之名，其实伤暑者多，尤非读此书不能明焉。惟原稿由三三医社辑刊于《国医百家》后，为时不多，书即售罄，四方函催再版者甚夥，故重加校勘，辑入本集。

辨疫琐言

清·李振声著

本书著者李炳，字振声，号曰西垣，江苏仪徵县人。生于清雍正七年（公历 1729 年），殁于嘉庆十年（公历 1805 年），享寿七十有七。生平喜为贫人贱士效劳，而短于伺候富室显者。曾著《金匮要略注》二十二卷、《西垣诊籍》一卷。因恶吴又可《瘟疫论》之惑人也，撰本书以纠正之。谓大黄治疫，本于耶律楚材，又可窃之，而不知其意，妄造达原饮，用草果、黄芩以剥人生气。且疫为阴浊，入人口鼻，当以芳香胜之，因创立清气饮方，以清轻开肺、芳香辟秽为主。并发明用大黄治疫，有渍法、酿法、同煮、略煮诸法，与取其气而不取其味，意尤造于微。其余攻错又可之文，亦具至理，洵为辨疫名言，治疫之宝筏也。附医记二卷，读之尤见其治病之神。

六气感证要义

清·周百度著

本书一卷，山阴周百度先生著。先生以外感之证，不出风寒暑湿燥火六气，于每一气，先集说，次方解，集诸家学说以明证因脉治，参以自己心得。先生于本书脱稿后，又著《本草思辨录》。

鼠疫约编

清·郑肖岩辑

本书为闽县郑肖岩先生就罗芝园《鼠疫汇编》，删削其重复处，编次其倒置处，提要钩元，厘为八篇。方药治案，咸属实验所得，欲期医者信用，病者信服。因鼠疫一症，急不可略有余暇之疑虑，且西医除隔离消毒外，尚无对症疗法，有此验方，应亟广为流传。

湿温时疫治疗法

绍兴医学会同人编

本书为绍兴医学会同人精研湿温症治之稿，陆续分载于《绍兴医学卫生报》，汇订成册，四方多请印行。因其书颇切实用，开业医士，无不欲案置一编为临证之指南。

重订温热经解

民国·沈汉卿著

本书一卷，为江苏沈汉卿先生著。先生病时下之论温热书，多不明经旨，误人不浅，爰本古圣医经之发明温热条文，阐发注解，以惠后学。卷末附以验案，多属不治之症，尤为可传。

温热论笺正

清·陈根儒著

本书为萧山陈根儒先生手著。先生为吾乡快阁师石山房主人姚幼槎先生之姻娅，民国初年，与裘君在姚宅会诊，惠赠是书。先生本不业医，惟好研岐黄学，于温热证阐发更精，其笺正叶氏《温热论》有独到之处，间有纠正王氏《经纬》、吴氏《条辨》甚多。如此善本，宜代广传。

医寄伏阴论

清·田宗汉著

本书二卷，汉川田宗汉著。以仲景著《伤寒论》十卷，治传经阳病，著《卒病论》六卷，治暴发阴病。惜《卒病论》失传，而阴病多置弗论。喻嘉言虽有《阴病论》，于《伤寒》、《金匮》中摘取条例，阐发阴病之旨，然伏阴一症未尝道及。故特著本书，首揭总论，次载症辨，再分原病、变症、死候、禁令、瘥后、比类、舌鉴七则，皆发前人所未发。

霍乱燃犀说

清·许起撰

本书二卷，清江左许起撰，专辨霍乱。因霍乱一证，寒热异治，诊断略误，生死立判。非平时读书有得，始临证病情无隐。是书辨霍乱之属寒属热，几如太真燃犀照怪，无形可遁。诚医家之指南，病家之宝筏也。

六因条辨

清·陆子贤著

本书三卷，崇明陆子贤先生著。先生取平生所经阅之时邪感症，总论之条辨之。凡一症之先后传变，一药之寒热温凉，无不缕晰详明，斟酌尽善，洵人手一编之有用书焉。

瘴疟指南

明·郑灵渚著

本书二卷，明万历信州郑灵渚先生著。因目睹闽广间，发生异于六淫例外之证，穷研细究，又得《瘴疟卫生方》一书，遂发明治瘴疟之法，以治闽广间特异之证，并著本书以公同道。今如鼠疫、黑疫，新证日多，本书尤觉有可传之价值也。末附近贤宋爱人君《黑热病证治指南》一篇，尤为全璧。

疯门全书

清·萧晓亭著

本书二卷，清嘉庆年间庐陵萧晓亭先生著。悯疠疯之厉，得之者父子离散，夫妻暌违，甚至有自缢或投水者。本张子云疲癃残疾皆吾兄弟颠连而无告者也之意，广搜博采，又经试验，而成《疠疾辑要》、《疠疾备要》各一卷。拟印送利人，不果。讬至友刘全石竟其志，又不果。刘之友袁春台刻之，为《疯门全书》。光绪初年，候敬庵郑凤山附刻《疯门辨正》一卷，更为完备。本书可同《三三医书》中《解围元薮》同参，则世无不治之麻疯矣。

外科传薪集

清·马培之纂

《外科传薪集》，清孟河马培之征君生平备用之方。由近贤周小农先生得之于邓星伯君，邓君为征君之门生，抄录本书之许恒氏，又从星伯君学，故尽得囊中之秘。卷末许氏附列之传用，不啻为外科开业法，洵可珍也。

外科方外奇方

清·凌晓五著

本书四卷，为清·凌晓五先生遗著。分升降部、围药部、内消部、化毒部、点头部、拔毒部、去腐部、止痛部、生肌收口部、去管部、膏药部、疔疮部、喉部、诸疮部、臁疮部、癣疮部、痔疮部、口牙部、鼻耳部、脚部及补遗等门。收辑者皆外科不传之秘方，用之自奏奇效。又因传自方外，故曰方外奇方。

伤科方书

清·江考卿著

本书为未刊稿，荷金履升君录寄。此书内容，真是中国不传之秘。如断死证秘诀、秘受不治各法、一切受伤治法及秘传各方，皆非历经试验，岂能有此斩钉截铁之说。吾知此类中医失传之方法，近世医界中，有切实学问，留心古书者，必得作一大好之参考材料也。末附金君施送多年之验方为尤佳。

产 宝

清·倪凤宾著

《产宝》一卷，清浦江倪枝维先生著。先生字佩玉，号凤宾，雍正六年成是书。向无刻本，道光壬寅海昌许氏为之镌版，同治辛未石阳黄氏为之重刊。因施送于人，咸获其益，光绪年间，杭州高氏又付石印。因此书为家家应备之书，爰再辑入本集。

产 孕 集

清·张曜孙著

本书二卷，阳湖张曜孙先生著。上卷分辨孕、养孕、孕宜、孕忌、孕疾。下卷分辨产、产戒、用药、应变、调摄、怀婴、拯危、去疾。计十三篇，篇篇为家家人人切用之法。虽有一二刻本，一则流传不广，二则错讹颇多，是编系清同治年间潘志厚先生在闽中校刻。

胎产新书

静光禅师考定

轮应禅师纂辑

雪岩禅师增广

本书二十卷，总名曰《胎产新书》。系萧山竹林寺师师相传之秘本，与市上流传本及常见之传抄本完全不同。内计《女科秘要》八卷，为静光禅师考定；《女科秘旨》八卷，为轮应禅师纂辑；《女科旨要》四卷，为雪岩禅师增广。书系扬州名医叶子雨所藏，转辗而入绍兴裘氏读有用书楼，为一部临证切用之妇科书，爰为刊传。

女科百问

宋·齐仲甫撰

本书二卷，齐仲甫先生著。以妇女诸病设为问答，论症列方，皆精湛绝伦。传本不多，且旧刻亦有缺简，爰为校雠补正。

儿科醒

清·芝屿樵客著

本书十二卷，芝屿樵客著。樵客不知何许人，其于儿科各症，分寒热、表里、虚实论治，颇为精湛。且书少传本，宜为刊行。

麻疹阐注

清·张霞溪著

本书为清诸暨张霞溪著，于麻疹一症，穷源竟委，阐发无遗。麻疹江浙人曰瘄子，与痘并重，凡育儿者皆视之为难关。痘已有引种法，瘄则无法预防，每年因瘄夭殇之孩提，不可胜计。治瘄之书，岂可不传。

惠直堂经验方

清·陶东亭辑

本书四卷，会稽陶东亭辑。陶氏清嘉庆时人，将祖父修合施送，外祖父平生所集录，并二十年各处见闻所得，择药味和平，用有成验之方九百余条，分为十七门，名之曰经验方。又取怪疾、急救、救荒三门附于卷末，为备急方。共计一千余条，为一部最切实用之方书也。

绛囊撮要

清·云川道人辑

本书序为云川道人辑。道人不知何许人，古人常因为善不欲人见而隐其名者。此书为乾隆时刻本，集方分内科、妇人科、小儿科、外科、通治各门，末附种子刍言。为人人可备之书。

经验奇方

清·周子芗辑

本书二卷，山阴周子芗辑。夫方书夥矣，试治有验者，始曰经验方。至治而见奇效，始曰经验奇方。本书所采录之方，皆试验有奇效者，故得名之。因辑是书者游幕四方，见闻既广，知识亦高，惜未见传本，爰为刊行。

古方汇精

清·爱虚老人辑

本书四卷，爱虚老人辑。老人亦不愿以姓氏示人，洵为为善不欲人见，惟其慈善为怀。则其书一字一句，自然以利济为前提，所采者，一方一药，不精亦精矣。

前清嘉庆刻版，相去如许年，老人一片精诚，不绝其传者几希。

医方简义

清·王馥原著

《医方简义》六卷，清山阴王馥原先生著。先生精医学，好任侠，每日诊资所入，即散给村中之贫寒者，山阴志书采入义侠类。名盛一时之潘心如医士，即先生之高足。书虽以方名，其论病理甚详，实不能当方读也。

回生集

清·陈乐天辑

《回生集》二卷，题古北乐天叟陈杰集。氏为清乾隆时人，自序中有请乩定名之说，所谓神道设教，示人以信之法。所采之方，皆经试验，亦属可以家藏一册，人手一编之书。数百年来，未见重刻，宜亟代其流传。

不知医必要

清·梁子材著

本书四卷，梁子材著。梁氏慨世之市医，往往抄用歌诀，执而鲜通。幸而病愈，不知何药之效。若未愈，则不惮以人试药。遂取前人所著方论，择其辨症显明、药皆常见者，删繁就简，参以己见，汇成是书。以便不知医者，家备一书，临证翻阅，不致为庸手所误。

医 便

明·王三才辑

《医便》五卷，姚江徐应登序为王侍御所辑，其父补其提纲，卷额题海阳张心如、姚伯愚二人重订。编者得之京师书摊，末页有："明医小史，王三才为江西按察使时编《医便》五卷，又海阳张远文撰《本草便》合刻，勿行于世。"三十五字，大抵王侍御即王三才也。所辑医方，皆属各科治疗上极有效验。临证医生，备之便于取用，不特便于居家要览也。惜合刻本未见。

春脚集

清·孟文瑞辑

本书为直省孟文瑞先生手辑。凡三十余年试验所得之方，与其友谢玉堂先生所藏之《回生集》经验集汇而成是书。取到处皆春之义，命名曰《春脚集》。书系三三医社社友徐燕庭君得之旧京书摊中，首尾已不全，转辗五年，始抄补完正。拟刊入《三三医书》中不果，兹特为之刊传，以慰徐君之热心善意。

外治寿世方

清·邹俪笙辑

《外治寿世方》四卷，清海宁邹俪笙先生辑。第一卷以病症分类，自伤寒至泻痢共二十六门，计四百五十七方。第二卷、第三卷以部位分类，自身至足，共三十六门，惟淋症、遗泻、疮痈、诸伤亦在内，计一千三百十八方。第四卷以妇科、儿科、急救、余录共六门，计五百四十二方。方方皆用外治法，因一般病家以不服药为中医。又因老年体衰、幼年体嫩不易服药，故辑之济世。其心慈矣，其志苦矣。

文堂集验方

清·何惠川辑

《文堂集验方》四卷，仁和何惠川辑。为便利穷乡僻壤持危济急之用，故不列伤寒六经。然论症极精，采方亦精，即医家各置一篇，亦属便利。惟孤本无从对勘，中有原缺三处，未敢擅补，以待世之藏有完本者教正焉。

疑难急症简方

清·罗越峰辑

《疑难急症简方》四卷，清·罗越峰先生辑。先生绍兴人，藏书甚富，医书尤夥。与蔡孑民、何廉臣、胡瀛峤、裘吉生诸先生友善，故本书蔡孑民先生为其署签，胡瀛峤先生为其序，裘吉生先生为其募资刻版。先生三世之书，学有渊源，故所辑之方，精湛与一般验方不同。且专为疑难症易为医者所误，危急症不及延聘医生诊治，及农村乡僻医药皆不易办到着想，所谓仁人之心，良堪钦迟。

扶寿精方

明·吴近山辑
明·曹水峪传

《扶寿精方》，为明嘉靖时江夏吴旻字近山辑，以寿人寿己者。万历间曹水峪重梓以传之。集方极精，间多他书所未见。且所载丸散膏酒，炮制各法亦甚精，可以纠正现代药铺之因讹传讹。书将失传，爰为刊行。

孙真人海上方

唐·孙思邈著

《孙真人海上方》一卷，唐·孙思邈著，末附“孙真人枕上记”、“孙真人养生铭”。孙氏《千金方》几乎家喻户晓，本方少见刻本，因之互相传钞，错讹难免。此本为沈仲圭先生录寄三三医社，宜为流传。

鲁府禁方

明·龚廷贤编

《鲁府禁方》四卷，明·龚廷贤编。龚氏任太医院吏目，著书甚多，盛行于今者为《万病回春》，又有《云林神彀》及《医鉴》二书，已经少见刻本。本书亦从日本得来，所谓礼失求诸野，良有以也。至书中采辑之方，亦颇可传。内有咒治方数则，亦即古时祝由之法，亦近时心理疗法，存之以备参考。卷末载“人有百病”、“人有百药”二篇，尤属上医医国之方也。

秘传大麻疯方

本书一卷，著者佚名，系抄本无传考。所录之治麻疯诸方，何证何药，立法谨严，大抵皆由不少年不少人经验所得而来。观其各方主要药，除蛇蝎等以毒攻毒外，多有大枫子，近来西医以大枫油注射麻疯，可证也。

喻选古方试验

清·喻嘉言辑

本书四卷，清·喻嘉言选辑。喻氏医名，不知医者皆知，其著作刊行传世者亦广。惟此书罕有知者，将万余首博而不约、泛而不精之《本草纲目》附方，选辑成之，沙中淘金，其精可知。又经钱塘王兆杏试验，绍兴裘吉生增订，洵一部家家人人宜备为随时检用之简便验方也，不特以书稀为可珍。

得心集医案

清·谢映庐著

本书六卷，清·谢映庐先生遗著，其哲嗣杏园君蒐辑刊行。分二十一门，每门皆附列自己治验奇方数则。头头是道，井井有条，令读者心领神会，易启临证处方之机。书虽有版，传实不多，矧家刻印赠，总不及书局发行之广。爰为重刊，以副杏园君辑传先人手泽之志。

杏轩医案

清·程杏轩著

《杏轩医案》，初集一卷，续集一卷，辑录一卷，清·程观泉著。程氏著有《医述》，与本书同为世重，亦同属罕见。书中各案，皆疑难重症，得其治疗而愈，足为临证之助。允宜亟于公世，不特因其书少见当传也。

古今医案按选

清·王孟英选
清·俞东扶辑

本书四卷，清·王士雄选、俞东扶所缉《古今医案按选》，复由会稽董镜吾君校雠付梓。版成刷样本一部，请绍兴裘氏重校者，因事未果。嗣闻版为董第大水所没，虽已由鄞县曹氏收入王氏丛书中。惟此为裘氏重校本，又即董氏刻版所刷之样本，较可珍也。

花韵楼医案

清·顾鬘云著

本书为清·顾德华女士遗稿。女士字鬘云，江苏吴县人。近贤顾允若名医之太姑母，苏州宋爱人名医从顾氏学，知之甚详。女士在日，名盛一时，治验之案必多。本书经撷华咀英，钩元提要，咸属精粹之作。在十余年前由其同县张玉田医士录寄三三医社，久未刊行，用特辑入本集，以广其传。

王旭高临证医案

清·王旭高著
清·方耕霞编订

本书四卷，王旭高名医临证治案，方耕霞前辈编订。光绪戊戌，在无锡以活字版排印，赠送同道，书本无多，易为湮没。爰为辑入本集，以广其传。并公于世，因王、方二公之学问经验，均足为后学津梁。

丛桂草堂医案

清·袁桂生著

本书四卷，江都袁桂生名医著。袁君为浙绍何廉臣、裘吉生探讨医学之故交，是以何先生序其书甚详。所记治案，源源本本，案案有始末，进退可寻。其自序云：仿《芷园臆草》、《寓意草》之体例。然体例固如二书，则精湛实有过于二书。惟家刻印行不多，爰为之刊传。

黄澹翁医案

黄澹翁著

《黄澹翁医案》四卷，附生平所用医方二卷，绍兴裘氏自扬州旧书肆购藏之抄本。因案方两切实用，民国九年，特邮寄无锡周小农名医订正，今又由桂君重校句读。虽黄氏为何许人无可考，然其书洵可传也。

诊余举隅录

清·陈匊生著

本书二卷，清阳湖陈匊生著。名曰“诊余举隅”者，因读其一案，即可贯通或因寒、或因热、或因虚、或因实之同证各病，所谓举一隅、反以三是也。原书虽有活字本，印行不多，允宜广传。

也是山人医案

也是山人著

本书题也是山人著，系绍兴裘氏读有用书楼收藏抄本。所记治案，内外各症俱备，且皆引经据典而明辨博思，较叶氏指南为胜。惟传抄多错讹，已于十年前邮寄无锡周小农名医订正一过。近拟刊行公世，又由杭州桂良溥医士重加校雠。并向杭州王心原医士假得副本对勘，觉更可珍。惟山人为何许人，无从考证为遗憾焉。

龙砂八家医案

清·姜成之辑

《龙砂八家医案》一卷，清·姜成之编录。八家者，戚云门、王钟岳、贡一帆、孙御千、戚金泉、叶德培、姜学山、姜恒斋，皆乾嘉时人。考后汉书班超传赞云：坦步葱雪，咫尺龙沙。龙沙盖塞外之称，清·方式济著《龙沙纪略》，专纪黑龙江事。则沿用旧文，而东北又称龙沙矣。沙与砂近，或疑此八家皆在塞外。然医案中所载地名，皆江南郡县，则知此说为无据矣。龙砂殆苏属之一镇耳。八家之案，面目各异，或饶于胆识，或流于工细，其用药之变化不拘则一。所载大案，多始末完具，学者可以觇其施治之经历焉。

邵氏医案

清·邵兰荪著

本书一卷，为清山阴邵兰荪名医临证散方，绍兴裘吉生医士收集录存。因邵氏医名之盛，两浙东西，大江南北，无不知者。其方案皆简括切要，洵为可传之案。

沈氏医案

清·沈鲁珍著

《沈氏医案》一卷，清·沈璠著。璠字鲁珍，与叶天士同时。用药多豁痰清火，然其所断为痰火者，皆确有见地，且时症初起，亦尝立投参芪，则知鲁珍非偏于清火者也。此书系手抄本，今于医案编次，仍其旧观。所附医论数篇，则汇列于后为附录。鲁珍曾著《景岳全书评》一种，此书附注评景岳字者，皆自评本录出，然竟无传于世，惜哉。

青霞医案

清·沈青霞著

本书一卷，濑江沈登阶青霞著，绍兴裘氏读有用书楼珍藏抄本，经无锡名医周小农先生勘正，复由嘉兴马星樵医士重加校雠句读。清·周学海氏曰：宋后医书，惟案最好看，不似注释古书之多穿凿也。每部医案中必有一生最得力处，潜心研究，最能吸收前人之所长。本书各治案，皆前后连缀记之，所谓其一生得力处，颇容易看到，洵有裨医林之作。

素圃医案

清·郑重光著

《素圃医案》四卷，清·郑重光著。重光字在辛，歙县人，所著有《伤寒论条辨续注》及《温疫论补注》，此书则其生平之治验也。惟医案所载，得姜桂而起者多，崇东垣、景岳，而黜河间、丹溪，补专事苦寒之偏。而伤寒治效，多在厥阴一经。自谓伤寒诸案，皆属三阴，而阙三阳者，盖三阳显明易见，诸道中治无遗病。即光所治，亦无异于诸公，特以亢乃害之证，似是而非者，令儿童辈录存，非略三阳也。然则重光虽长于温补，亦不囿温补者也。此书卷三男证门贡姓武弁破伤风一案，亦见陆定圃《冷庐医话》卷四，贡姓历诸医不效，已濒于危，而重光以加味小续命汤活之，亦可见其技之神矣。

扫叶庄医案

清·薛生白著

扫叶庄一瓢老人医案四卷，清·薛雪著。雪字生白，晚号一瓢老人。生白工诗善医术，与袁子才太史善。尝谓太史曰：我之医，如君之诗，俱以神行，所谓人居室中，我来天外是也。同郡叶天士，与生白齐名。

然生白雅不欲以医见，逮其卒，行状无一字及医者，随园驰书抵其嗣中立，惜其生平奇迹之不传。生白所著，有《医经原旨》等行世。此医案四卷，为未刊稿本。方药皆自出机杼，宜为后学所矜式，而疗治温热之轻灵，尤览者所宜体味者也。

寿世青编

清·尤生洲辑

本书二卷，附病后调理服食法一卷，清·尤乘字生洲手纂。凡养生却病之道，搜罗甚广，所附病后调理服食法，尤为人人必用之指南。抄本多讹，经详加校订，并删去各书常见之食鉴，更觉白玉无瑕。

存存斋医话稿

清·赵晴初著

《存存斋医话稿》，清会稽赵晴初撰。共七十四则，或记见闻，或抒心得，或指摘医家之利弊，或宪章先圣之名言，虽属当年陈迹，而言多精凿，较之流览医书，尤饶兴趣。赵氏与凌嘉六、马培之同时，且颇友善，凌、马二氏皆邃于医，为有清一代名家，殆所谓“物以类聚”者也。赵氏尝云：“医非博不能通，非通不能精，非精不能专。必精而专，始能由博而约。”此真读书有得，心知甘苦之言。赵氏生平著述，虽不止此，但流传医林者，惟此吉光片羽，弥觉可珍。末附时贤沈仲圭《吴山散记》一卷，系其廿年来谈医之结晶，堪与医话稿先后辉映焉。

医权初编

清·王三尊著

本书二卷，清康熙海陵王三尊达士著。以医宜通权达变，不可读书死于句下，所谓读十年书不能医一人病，医十年病未能读一部书。上卷为医论，下卷为医案。王氏自云：所记之案，所论之事，必古书所未载，今人所罕见者，故可知其多发明处也。

一得集

清·心禅著

心禅大师《一得集》，分上、中、下三卷。上卷系医论，中下两卷系医案。注重认证，扫除空谈，大师学问，盖胎息于《伤寒》、《金匮》者也。案案精确，语语珠玑，求之晚近医案，实不多见，可与浙省大医王孟英氏医案，后先媲美。

医医偶录

清·陈修园著

本书二卷，陈修园著。陈氏医书，风行全国，惟此书知者少，因此书为陈氏晚年教子所作，故简明精要尤胜他书。

药症忌宜

清·陈三山著

《药症忌宜》一卷，陈澈著。此书为藏修书屋本，凡每一病症，忌用何药，宜用何药，分列极严。不特医者案置一篇，可作临证之助，即病者人手一篇，亦可免医药之误也。

蠢子医

清·龙绘堂著

本书所论皆属经验之言，著者原以课孙为目的，故颇多不传之秘。用药不无峻毒，若所投的当则效如桴鼓。观其学验诚有铃医之特长，而无铃医之庸俗。今之市医类都巧趋平淡，斯项负责之效方，似已少见。学者苟有剑胆琴心，不难得其薪传。否则胶柱鼓瑟，未免偾事。

宜 麟 策

本书一卷，续集一卷。著者佚名，惟总论中自署曰宾，因不知其姓，无从考证。其书以天时地利人事，传广嗣及胎教之道。视近世优种学，真有形上形下之分矣。在盛唱复兴民族之际，必无人不先睹为快也。

医医小草

清·宝玉珊著

《医医小草》一卷，附《游艺志略》一卷，荆州宝玉珊氏著。氏为扬州名家叶子雨先生高足弟子，经历各省，访道群彦，博读古书，穷研经籍，其文皆补偏救弊之言，可传之书也。

医门补要

清·赵竹泉著

本书三卷，附《察病人生死法》一卷，清丹徒赵竹泉著。有方论，有治案，皆为生平心得效方。谚云：千方易得，一效难求，盖方多而经验者甚少也。本书看似义浅文疏，然其撷经之腴，搜方之秘，简而且明，足补前人之未发。读之如诵白香山诗，老妪都能解说，较之深文绮语、言过其实者，不可以道里计矣。

履霜集

清·臧达德著

《履霜集》三卷，清嘉庆间臧达德著。校定未印之稿也，无锡周小农名医得之，录寄三三医社，日久不刊。其论病论方，皆明白晓畅，详尽无遗，亦可珍之本也。爰为辑入本集，以广流传，并以慰周君。

广嗣要语

明·溯洄道人撰

本书一卷，俞桥子太甫撰集。首总论，次调理精血论，又直指真源论，男女服药论，并附插图。所论至为精详，书后更有附方，尤合实用。

第四编　《珍本医书集成续编》九十九种提要

黄帝内经素问完璧直讲详注

清·高玉章著

本书名曰《素问完璧直讲详注》，顾名思义，当是全部《内经·素问》而加以详注，加以直讲也。考《素问》“刺法论”、“本病论”二篇久称亡佚。虽宋史有《黄帝素问遗篇》四卷，而书已无存。明赵简王高燧补刊《素问遗篇》一卷，辞理浅薄，经注一律，显出于一人之手，殊无足取。而施沛之《素问逸篇》一卷，亦支离不经，且病其芜杂。本书补正之二篇，虽记述所得，不无怪诞，然文字古朴，意义深邃，并全文读之，可谓天衣无缝，允称完璧。书为清四川高亿著。亿病历代注《素问》者，辞句繁费，乃于每章每节为之直讲。又命其徒罗济川为之详注。注者释其疑难之名词，讲者讲其全节之文义。即未得医学门径者，读此无不了然心目。书成于同治壬申（公历1872），数十年前，已有如是之讲台范本。且除《医学大辞典》外，各家书目皆无著录，其为罕见可珍之本明矣。

素问释义

清·张琦著

本书为清·张琦释。张氏字翰风，一字宛邻，阳明县人。以通儒精医，服官山东，所至以其学利民。因病《素问》历代医人之改窜误注，乃求其宗旨，按其条理，重为诠释。疑者辟之，伪者乙之，合者存之，误者正之，所论皆颇有正理。与前集《素问校义》，同为儒者训诂之学、治医家书，学者可汇读之。书成于道光九年（公历1829年），而谢氏《医学大辞典》未见著录，多纪元胤之《医籍考》亦仅列其名而乏其考据。则是书之罕见可珍，允宜刊传。

类经纂要

清·虞西斋辑

清·王寿芝增注

虞庠，字西斋，清归安人。王廷俊，字寿芝，清成都人。虞氏病景岳《类经》繁冗芜杂，为之纂要，以便读者。王氏又为之增注，遂成完书。浙中钱正卿名医藏本，罕见流传，遂向借录，辑入集中。书额批注甚多，因皆无关宏旨，概为删去。

难经编正

清·司建侯著

本书著者司树屏，字建侯，南通人。以越人之《难经》，悉体《灵》、《素》一十八卷之义。尊其序，该其要，一气呵成。如木之有本末，人之于冠履，莫可倒置。并于篇首冠以数目字，秩序井然，了如指掌。岂非轩岐假手于越人，而作此合璧之书乎。而犹不免于紊乱者，何书籍传世之难也。数千年来，无一过问，是以《难经》晦而《灵》《素》不彰。后学入德无门，医道几乎息矣。于是力攻之，始知前后误刊三十余章，层次倒置，气脉隔阂，焉能全体通灵。遂编正之，以复越人之旧。更以所误各章证明于前，以显其所误之理。既以四难经义荟作一疏，列于四难之后，成二十一章，以表编正之义。司氏先德濛斋先生，本通医理。又从王云卿名医游，学有渊源。编正本书，颇有见地。前集有《难经》三种，考古研经者，可并为参考焉。

难经摘抄

清·王寿芝著

王廷俊，字寿芝，清成都县人。从繁江陈滋和习医，官浙江连市巡检。尝增注虞庠《类经纂要》，又著有《寿芝医案》。本书系王氏读《难经》之心得而节录，颇便后学。传本罕见，浙江省立图书馆藏有《类经纂要》，因借归与钱氏书对校，得见此附刻本。爰同为其辑入集中，以广其传。

神农本草经校注

清·莫枚士著

《神农本草经校注》三卷，为月河苕川迂叟莫枚士之晚年精著。莫氏为著名之经学家。《研经言》一书，刊于三三医社，脍炙人口已久。本书取《神农本经》原本，详加校注。不特显示《本经》之药名多合于尔雅，即病名亦悉合乎《内经》。可以正陆疏郭注之异同，可以考汉法唐方之正变。而卷首之释例，药物之取名，及其性味主治，皆有祖述，皆有意义。无论医学根柢之深浅，皆有卒读之必要，盖因此可以窥医学药学之源流也。

滇南本草

清·兰止庵著

本书著者兰茂，字止庵，清嵩明人。剑川越藩序，谓辑云南药品者，有三家，除本书外，二皆抄稿未刊。道光间有皖人孙兆蕙氏，以同知官滇，得抄本一，与之合校汇编，以备医家之用。惟绘有图，今本未见，所收药品，数亦不同。又曰《一隅本草》，不知有无他刻。惟中多《纲目》等书未录者，亦应亟为广传也。

山公医旨食物类

清·施山公著

施永图，字山公，清鸳湖人。施氏以日用饮食因五方之生产各异，其中相生相克之道，相宜相反之情，如同水火。世人往往习而不察，以致养命之原，反为戕生之斧。爰编本书，备悉甘苦寒热之性，有毒无毒之分。令人一开卷间洞若观火，人人咸知养性，物物尽属尊生。前集辑有《食鉴本草》，与本书可称合璧。然本书更详于前书，尤为可珍。原书附刻脉诀，另入脉书类。

药性摘录

清·文叔成辑

本书为清萍乡文晟字叔成所著丛书之一。将药品以性分类，有温中、平补、补火、滋水、温肾、温涩、寒涩、收敛、镇虚、散寒、驱风、散湿、散热、吐散、温散、平散、泻湿、降痰、泻热、下气、平泻、温血、凉血、下血、杀虫、发毒、解毒、毒物，末附常用药物。以五脏六部之品，既分温凉补泻，又别猛将次将，头头是道，可谓详且尽矣，此即由博返约之书也。

药要便蒙新编

清·谈问渠著

本书为清·谈鸿鋆问渠撰。以药之功用相近者，分为补益、宣通、祛寒、泻热、驱风、除痰、润燥、利湿、收涩、消散十大类，凡三百余种，皆常用诸品。每种编为四句歌括，限韵以便记诵。于性味功用，亦皆简明。不特便于童蒙之学，而僻壤穷乡之家庭，亦可资为检查，可免庸工之误。为初学之指南可，为病家之顾问，亦无不可也。

生草药性备要

清·何谏传

本书题青萝道人何谏秘传，何氏不知何许人，惟以书本考证，必为清季。内多广东土语，或为广人。发明草药多种，且皆详载性味、主治。谚云："草药一味，气煞名医"。草药即生药，业草药者，多不识文字之辈，故极少书本流传。钱唐赵学敏利济十二种中，搜著不少，惜未刊行，近且其稿亡佚。本书为无锡周小农名医所藏，额上加以手批，草药书之硕果仅存，殊可珍也。惟原书尚有附刻草药经验方，检之未见，神龙见首不见尾，殊为可惜。

药引常需

清·雷少逸著

本书著者雷丰，字少逸，清三衢人。雷氏著有《时病论》行世，名盛医林。此为未刊稿本，以常需要药一百三十余种，详述引用配合之法，开用药处方之捷径。本草诸书，每皆人云亦云，欲求示学者可以遵循，为一处方之标准，甚鲜。本书既为名家遗留之手泽，又属初学入门之心传，爰不可不亟为之流传焉。

药　准

明·许培元著

本书为许兆桢撰。许氏字培元，明吴兴人。感于医道之大与药物之夥，苟不反之以约而识之以籍，则使后之治此者将何取衷？于是博采诸家，审脉论证，辨名定经，俾君臣佐使寒热温平缓急方法，备著于书，以便后学。本书与《诊翼》、《医镜》、《方纪》合之曰医四书，犹儒家之四子书也。别著《素问评林》、《伤寒解惑》、《女科要论》、《衍嗣宝训》、《痘疹笔议》、《外科集验》等书，皆未见刊行。本书上卷述五脏六腑之主要药物。详论用药，须穷化源，知病机，见大意，省五过，与七方十剂之大概，并及服药禁忌，煎熬服法，六气主治，用药例等。下卷分列药物性质功用，简要不繁。洵为用药之标准书，亦即用药之门径书也。

脉经真本

清·张柏康传

清·周艺人校

《脉经》为晋王叔和撰，医家多知之，非医家考古者亦无不知之，然其书等于亡佚而不可觅亦人尽知之。今周君艺人归莲堂，藏有《脉经》真本旧钞。逊清道光安康张鹏飞序，谓泸州刺史朱菽原见遗，转辗传钞而为周君珍藏。周君亦复古士也，于《素》、《灵》、《甲》、《难》诸经，《千金》、《外台》，皆有纠误辨疑之作。且亦为流传古书孤本之同志，故本书允为借印。并特重加精校，阐幽发微，厥功伟焉，愿读者共珍之。

山公医旨脉诀类

清·施山公著

施永图，字山公，清鸳湖人。著山公医旨，即食物类与本书合刻。施氏著此书，皆系切合实用。一为病家明于日常饮食之宜忌，一为医家得于临证断症之精确。惟脉书自高阳生伪撰行世，后学既无所宗，但能使开业医士能读之心领神会如本书者，已属凤毛麟角矣。夫岂书之罕见宜珍也。

诊　　翼

明·许培元著

本书为明·许兆桢培元氏所著医四书中之一种。既辨高阳生七表八里之伪，尤辨其他各家之因讹传讹之失。谓降是家筑一墙，人执一凿，炫奇贾异者。又毋虑数千种，其说愈长，其故武愈失。犹之青出于蓝，转施丹雘，色滋绚，而益背其祖矣。遂参互考订而成是书，藉为诊脉家之羽翼。其立法望闻问切四诊并重，可谓国医诊断书之嚆矢也。

伤寒辟误

清·汪广期著

本书为清乾隆汪文芳广期氏，与其友汪礼和、朱松泉各据经验之集注。故名《伤寒三注辟误真经》，简称《伤寒辟误》。盖仲景《伤寒论》迭经兵燹，散亡错乱。晋王叔和采辑成编，其有欠阙者，混以己意，谬称全书。后人莫辨真伪，随文曲释，致承讹袭谬，愈注愈晦。本书一以经验为归，而所辨又极简要。初读《伤寒》者，可免误入歧途。即医学经验丰富者，亦可藉此以正过去读书之谬误。洵可珍也。

伤寒论新浅注

清·宦诲之著

本书著者宦应清字诲之，以陈修园浅注本为经，唐容川陈氏浅注补正为纬，兼采周禹载三注互相解释，作儿辈读本。故一名曰《屏风山庄家塾读本》。宦氏先世多精医，家学渊源，本有根柢。尤能以教读儿辈便利为心，以著易于诵记之书，其薪传有自，愿读其书者三致意焉。

伤寒答问

清·喻嘉言著

喻昌，字嘉言，清南昌人。著《医门法律》六卷、《寓意草》一卷、《尚论篇》八卷，流传甚广，称谓喻氏三书。汇刻书目，著录喻氏书。三种以外，有《温证语录》一卷、《伤寒答问》一卷，然罕见传本。读有用书楼藏有是书，爰为重加校点公刊于世。其答问者，为答程云来所问关于伤寒之脉理证状不易解决者。一一详答之，计一十六则。程氏亦名家，一问一答，其意义自不平凡。

伤寒平议

清·廖井研著

著者，廖氏字井研，近代四川人。著书甚多，皆属纠正古人之作。本书评议《伤寒》论著七大家，句斟字酌，发人所未发，言人所未言。读者得以心领神会，举一反三，可谓读古书者之益智图。因刻本前后排比凌乱，爰敢为之编订顺次，俾便读者。

伤寒辨证

清·陈尧道著

治伤寒不难，治伤寒兼证难，治伤寒变证坏证尤难。至于表里交错、虚实疑似、阳经阴证、阴经阳证、热极似寒、寒极似热诸象，若非脉证素明，胸中确有定见，未有不临证惶惑者。历来不少伤寒论著，要皆为上上人说法，初学者未可躐等而冀。本书康熙戊午陈素中撰，将伤寒与温热病异治，及疑似难辨之证，与古人未及详辨者，一一标出。于表里虚实，阴阳寒热，分析详明。故乾隆辛巳，华阳耿辉因病得治，发愿重刻。迄嘉庆十一年，劳树棠又重刻。其书之切于实用可知。得者类皆珍藏，致流传极少，其名贵又可知也。

伤寒古本订补

清·廖井研著

本书著者廖平，字井研，四川人。是现代博学精医之先进，著作等身，刊行者亦有多种。因偏处一隅，流传因之不广。其作品胥以汉学训诂考据治古医经，为之纠误正谬者不鲜，本书即其一也。订补古本《伤寒》之处，一一揭出，拨云见天，洵属有功仲圣。因刻版次序略觉舛差，重为编订，非擅改也。

伤寒金口诀

清·李和成著

《伤寒金口诀》未刊本，李和成著。凡伤寒诸证之主方，皆用歌诀词赋编韵而成。初学者，便于记诵。后附诊病寒热虚实赋、药性分类赋，亦颇切合实用。《伤寒》不易读，故读者少。宋·许叔微因之编《伤寒百证歌》。本书较百证歌更通俗，是亦诱掖后进之苦心也。

伤寒论一百十三方发明

清·徐忠可著

本书著者，徐氏字忠可，从云间李士材、江右喻嘉言游，尽得其传。著有《金匮要略论注》、《伤寒论图说》等行世。徐氏因《伤寒论》原文注家颇多，为减免读者浩瀚之烦，特列方论而成本书。其立意大概，宗喻氏之《尚论》。间有别出心得，亦具至理。读者因喻氏之论证，可悟仲景立方之妙。阅徐氏之论方，更会仲景辨证之微。二书合读，得以左右逢源。则著者之苦心，与本书之价值亦显矣。

伤寒论章句

清·陈恭溥著

《伤寒论》为医经之一，读者必须知其章节，明其句读。知章节，可以提纲絜领。明句读，即知内容意义。如太阳病头项强痛句，若只说头痛项强，则项岂无痛者乎？若说头项皆有强痛，则头岂有强者乎？故必须解以强，独以项言；痛，则兼言头项。可知句读之不可不明如此，囫囵吞枣之解，未免贻误后学。本书章节之分，宗张令韶之直解及张隐庵之集注，句读则纯为本书著者闽人陈恭溥之心得。陈氏字退翁，生于清乾隆四十余年间，其章句本书时，年已古稀，以数十年寝食是书之经验，自多发明。虽其自叙谦谓较之陈修园所著浅而又浅，其实所谓浅，即其佳点。经文古奥，且有简脱，欲其浅明，亦不易矣。

伤寒方解

清·陈恭溥著

本书为陈氏《伤寒论章句》之合刻本。陈氏以伤寒方、王晋三选注中，有伤寒方评。在晋三先生，以为道前人所未道，然亦有随声附和处。今更为勘语，以断其方之用，使学者知所扩充。较之歌括，稍有裨益。其每方类六经正病于前，然扩古方以便时用。遵古而不泥于古，可以便后学，可以传千古之书也。

孝慈备览伤寒编

清·汪惇士著

《孝慈备览》，新安汪春圃编。有杂证、女科、儿科各编，伤寒编其一也。书凡四卷。首论伤寒治法，十二经脏腑表里，及合病并病两感等病，以至望闻问切之所以然，立论周详，分晰明辨。次卷言六经阴阳之证治，并设用五略汤剂以治之。五略者，太阳症宜发略，阳明证宜解略，少阳证宜和略，胃腑及三阳传经症宜清略，直中三阴症宜救略。有是症，即有是方，检阅甚便。卷三述类症变症之证治，而于一切不治死症，亦历历详载。末卷选集历代名家汤头，分为五略纲领。列方九十有九，大小并列，缓急备陈，编次井然，洵佳构也。

伤寒方歌括

清·陆儋辰著

本书为陆氏海陵丛刻之一种。陆氏字儋辰，别号养三轩学人。因虑伤寒以下证治群书，汗牛充栋，俗工未必能诵。即诵矣，而于古人之精义，茫然不知所在，则诵犹未诵，贻误匪浅。用是罗列古义，撰为证治赋若干篇及方歌，皆撷取旧说，不参己意，注明出处，得失自见。使固傔者扩其见闻，劬学者得以综核。洵为诱掖后进之善本。至伤寒方尤不易记，读此可省学者之脑力不少。

伤寒证治赋

清·陆儋辰著

本书刊于陆筦泉医书中，为海陵丛刻之一。陆氏字儋辰，精研国学，博选众艺。于医学尤见深造，曾著《运气辩》一书，议论精确，识者宝之。本书上下赋两篇，能运长沙本文于骈骊之中，复考诸家之说注于后。且能折衷众长，定以一是，实为陆氏极用意之作，固不宜与寻常药性赋等一例目之也。

伤寒正名

清·叶子雨辑

伤寒为外感百病之总称，今之治疗外感百病者，悉宗《伤寒论》固矣。顾仲圣当日著《伤寒论》也，以六淫侵犯人体，惟寒为烈，乃独指寒伤营一证，名曰伤寒。而若风、若温、若湿、若暑，皆一一揭出，则知伤寒乃六经中之一病也。而以伤寒名其全书者，如史号春秋，该冬夏也。因原书经叔和之补叙，已多脱讹。历来注家，以己意贯串全书，东址西易，益使丝棼鱼烂。本书一洗积弊，不从随文衍释，而以分纲理论。其论六经主病也，不限伤寒，凡无论何邪犯伤，皆可据之以认界限。辟六经传变之误，谓一日太阳受之之“日”字，应据《甲乙经》作“曰”字。又论传变之谬误有三：传足不传手一也；过经再传二也；传入三阴皆是热证三也。复次辨直中之异同，两感之合并，皆简明切实，如老吏之断狱，毫无疑义。后详类证、夹证，又于原文之疑讹似是而非者，列为决疑一篇。最后述伤寒余证之治法，而以各家治伤寒类方殿于末，称附法焉。书一卷，题曰《伤寒正名》，为裘氏读有用书楼珍藏，清叶霖字子雨扬州名医之未刊稿本，殊可珍也。

伤寒补亡论

宋·郭白云撰

郭雍字子和，号白云先生，宋河南人。湖北帅张孝祥荐于朝，旌召不起。兄弟皆名医，穷经探索，洞彻病情。叹仲景之书亡失，作《补亡论》二十卷，以全其义。其于两感证、阴阳交、阴阳易及痉等论，尤为详切精博，发人所未发，足补仲景本之缺。惟宋时刻本，传至元纪，其十六卷亦遭亡失。明刘诚意伯将所存者重刻，行世又鲜。河南有豫医双璧，其一即本书也。爰为重校，辑入本集，以广其传。

伤寒小补

清·倪涵初著

倪宗贤，字涵初，清山阴亭后村人。倪涵初先生痢疾三方与疟疾三方，家喻户晓，所谓妇孺皆知。该村因纪念其生时治病之神，建祠以祀之，惟无他遗著传世。本书为其生平经验之心得，精要简当。区区一小册，已能使治伤寒者头头是道，可谓少许胜人多许。绍兴裘氏藏于读有用书楼。在医学未打破秘字时，本书直当稀世之珍也。

医学原理

明·汪石山著

本书为汪石山先贤晚年极作，专为传医道于子孙之心得。从前习惯，医多自秘，故石山丛书中，竟无此书辑入，世上传本亦罕见。此抄本系读有用书楼所收藏。归莲堂周君近得日本旧刊本，经周君对勘，互有出入，重加校正，并撰跋语，略述概要。至汪氏自序云：经历八春，始成是书。其一生经验心得，尽在其中可知。汪氏愿传子孙者，今为其传世人，汪氏有知，亦必首肯。

窥垣精要

清·吴宁斋著

吴干歧，字宁斋，清桐川人。本书系未刊稿本，以风、寒、暑、湿、燥、火六部为纲，详列症状治法，有条不紊，是为学者之津梁，周氏归莲堂珍藏之书。惜对勘难觅他本，虽已经校雠，缺简疑文，不敢擅有增删，愿世之藏有是书者教正之。因恐先贤手泽，日久湮没，爰亟刊行，俾广其传。

医　读

明·汪石山著

麋读四卷，新安汪机著，石山丛书所遗。本书系周氏归莲堂抄本，或云刻本，分卷不同，然未之见也。卷一药性，分健脾、理气、祛痰、发散、风湿、调血、补益、温热、寒凉、清利、通润等十一类。卷二脉候，分诊法、脉形、绝脉生意、杂病、生死脉、妊妇、小儿脉等七类。卷三卷四病机，分各病证治为七十四门。全书皆用四字歌括，便于初学诵读。他书所称之歌赋，往往限于韵句，言不尽意。本书于药性则选日常繁用药约二百种。脉候于二十四形外，复加数、散、大、小四脉，以补不足。病机则每门分列主方。且能将病因、病状、病原、证治细述。若非于《内》、《难》、《伤寒》及诸家论著有所融会者，断难返博为约，编为简明之歌诀也。

学医便读

清·陆晋笙著

《学医便读》二卷，古吴陆锦燧晋笙前辈辑。于诊脉采用江笔花诊脉歌及费晋卿脉法四言；于舌形独取吴坤安察舌辨症歌；于病证独取张令韶伤寒直解辨证；于药性独取雷福亭药赋新编；于方剂则取雷少逸六十方法及雷福亭方歌别类。简而明，赅而当，学者循是以进，由浅及深。先求诸喻、叶、陈、徐诸家，再进而求诸刘、张、李、朱诸家，识其各家之偏长。复进而读《内》、《难》诸经书，则因委穷源，无不豁然贯通。较之先治经书，致苦艰深，及墨守一家言，谬持偏见者，不且得门而入，弗误歧途哉。

香岩径

清·陆晋笙选

《香岩径》者，清叶天士医案之菁华也。叶氏名桂，字香岩，医号天士。行医五十余年，名噪大江南北。传其学医之初，历从十七师游，尽得所长。集众长以为长，是以独擅众长。只以诊务匆忙，未遑著作。仅传《景岳发挥》及《幼科要略》、《温热论》两篇。其门弟子吴坤安著《伤寒指掌》，吴鞠通著《温病条辨》，两书所编，并是叶氏之经验。然不足以尽叶氏之蕴也。华氏集《临证指南》，而灵胎评之多毁语。实则灵胎欲借以自显，语多失实。嗣后吴氏刊《三家医案》，叶氏后嗣又刊《医案存真》。前后四书之论说、案语、立方，皆本诸经传，或径用成方，或化裁而出之。学有根柢，言皆翔实，后人訾叶氏专尚纤巧者，殊非确论。但其所传之案，皆为晚年之作，故多危笃大症。其用药方意，足为万世医家之法。惜因卷帙浩繁，查阅诸多未便。吴县陆先辈有鉴于此，特与哲嗣成一等，将叶氏已刻行之医案选编，分证别类，删繁就简，摘其案语关键，标列为案语主辞。并详见证，以示因证用药、因病立方之旨。凡两卷，四十五大类。每类各症四五种以至十余种不等。全书约共医案一千六百余则。易阅易查并易进步。学者欲得叶氏之门径，不可不细研本书也。

颐生秘旨

清·周公鲁著

《颐生秘旨》，清·周公鲁著。卷一至卷三为内科各症，卷四为妇科病，卷五为小儿病，卷六为外科及杂治，卷七为脉法运气，卷八本草。每症首列论说，次附诸方，皆颇有条理。其自序曰："言秘旨者，非余之秘旨也，轩岐之秘，历代先贤相传之旨也。"则是书之养生治病法，汇萃群言，多可取处。

医林猎要

清·黄霄鹏著

《医林猎要》一卷，南海黄保康字霄鹏，为贻令堂医学三书之一。首列医原，选徐灵胎《慎疾刍言》之宗传，以为学医者必读之书。次列脏腑配合及骨度，以明生理；选望闻问切诸法，以为诊断。又于伤寒温病，表里虚实，内伤外感，各篇辨明，以为证治。后详药性医方，以资随时选用。本书取材，大概自《医宗金鉴》及徐灵胎、江笔花、陈修园、程钟龄等书，故切近实用。黄氏由儒而医，生平服膺于吴鞠通、陈修园之学，故所著另有二家方歌云。

吴鞠通方歌

清·黄任恒编

吴鞠通著《温病条辨》，对于风温、温热、温疫、温毒、暑温、湿温、秋燥、冬温、温疟诸症，分三焦施治。俾后世之治温者，有法度可准，实为羽翼伤寒之功臣。清南海黄保康氏，生平最服膺吴、陈二氏之学，拟将二家用方辑为歌括。书未成而遽归道山，嗣侄任恒氏为之编成校刊，以竟先人之志。其吴氏方歌之分类以风温、温热、温疫、冬温诸病。治法略似者，列于温病类，余症各为分门。方歌简而明，虽未读《温病条辨》者，读此亦可识温病治法之大概矣。

陈修园方歌

清·黄霄鹏辑

清南海黄保康氏，既采各家言，成《医林猎要》，以识医学之要旨。复取吴鞠通用方，编为方歌，使治温病者，便于记诵。又取陈修园之用方，亦辑为方歌一卷，俾学者于杂病有所准绳。其编制分目，以病症而识方，以主方而寻病。使读者一目了然，用时可免苦忆纷杂之弊，洵陈氏之功臣也。

疫疠溯源

清·王协中著

《疫疠溯源》一卷，清·王敬义著。王氏与叶桂、薛雪同时，医名颇著。据其自序所称：疫疠之病，仲景而下，从未有明言者。以是病与气运有关，不易言也。考五运六气之精义，启元子之《元珠密语》，推阐已无遗蕴。王氏初见宋版《元珠》二十卷，而佚其末。嗣又得宋刻《补遗》一卷，盖即详言气运所以成疫疠之故。因取该卷并附喻嘉言、吴又可等疫疠方论，参以经验，而成本书。原刻印订不多，迄道光年间，印书俱已云亡。其同邑王庆勋氏，于其族孙处得其藏本。重加校刊，卷末附刻斑症论一首，亦为师承经验之谈。

内科摘录

清·文叔成辑

《内科摘录》四卷，清·文晟叔成所辑方书之一。

卷一为上身部各证方治，卷二为中身部各证方治，卷三为周身部各证方治。卷四为下身部各证方治。而卷首之诊脉歌、望舌色、望闻问切论、表里虚实寒热辨、内伤外感杂说各篇，皆颇简明。本书虽属方书之一，因罗致之方，皆系经验有效者，亦能为内科医家之助也。

喉证全书

清·杨大年辑

喉证至险至急，坊间乏善本之喉科书。而业此者又皆守秘而不易轻传。致普通医者，仅知一二成方，藉以应付。及其投剂不效，又莫能变通，医家束手无策，病家茫然待毙，殊可悯也。杨氏大年于教读之暇，从《图书集成·医部》中偏采历代名医之治法汇为一册。对于风火、寒火、假火、虚火、无火、瘟火以及肺胃垂绝之候，验之以脉证，施之以治法。随病立方，因证用术，可救危急于存亡呼吸之际。而博采众家所长，兼收数十名医经验，可当喉证全书而无愧矣。

噎膈反胃关格三证全书

清·杨大年著

本书著者介休杨大年，生于清道光十三年（公历1833 年）。老当益壮，至暮年以经验所得，大著医书，以利后世。噎膈、反胃、关格三证，相似而各异，疗治亦难。杨氏取元、明以来名医如戴思恭、李梴、李中梓、赵献可、朱丹溪、张从正诸大家之对于该三症之理论，撷精取华。非惟三证之吐逆秘结诸象显然分别，而三证中之寒热虚实之原因治法，亦一目了然矣。

温病浅说

清·温载之著

温病发热，颇与伤寒类似，稍不细辨，即易混淆。汉唐以后，未有专书。虽吴鞠通立有《温病条辨》，王孟英纂有《温热经纬》，其发明温病已不遗余力。而《经纬》辞义深奥，《条辨》头绪纷繁，非深于医道者，不能融会贯通，此温载之所以有《温病浅说》之著。书仅一卷。首将《伤寒论》太阳篇第五节之温病条揭出，为之按文加注。并点出寒温异病之脉证及误治之情状。又历述经义及经验治方与方药。对于温病之宜忌各述五条，已极详明。又将逆症须知及各家论温病之学说，逐条辨晰。实为研治伤寒、温病者必不可少之书。温氏尚有医案一卷，见医案类。

会讲温证语录

清·喻嘉言著

西昌喻嘉言，为有清一代之医家。所著之《医门法律》、《寓意草》、《尚论篇》三书，尊古而不泥古，颇有独到之处，故后人宗之者甚多。本书为喻氏晚年在本邑为七十五门人会讲温证之语录，世少流传。第一讲刺热篇温论段。第二讲《素问》评热论病温段。第三讲《伤寒论》中论温证篇。第四讲温证自晋至今千年绝学论。第五讲温证正名辨脉之要论。第六讲论温症古今粹美说。各讲发挥古书精义，阐述温证学说，足补《尚论》之不逮。而第四讲递述古今医家为王叔和、崔文行、朱肱等，对于温症之误解。独推东垣老人虽专治内伤，而于温证，则淡言微中，域外伟观，异时同调，抑亦异矣。

辑堂医书

清·吴辑堂著

《辑堂医书》三卷，未刻本，清吴廷璋字辑堂著。卷上为纲领，有脉症辨别赋及各脉证治等。卷中为伤寒证治。卷下为小儿病之诊断及补散温凉之方剂辑要。本书之得要处，即在有某脉某证，即宜用某方某药。盖有定识始有定方，临证自无疑义。有定识始有定力，用药得所凭依。胸有成竹，斯不为兼证变证所模糊。则是书实诊治之南针也矣。

医学正所正

清·沈寄闲著

清·张筱溥氏有《医学辨正论》之作。沈氏寄闲读之，认张氏固为今之古人，而所论不无偏见，因就原文正之，而名曰《医学正所正》。沈氏后学佛，号大觉居士。即以此书附梓于法约之末，别之曰“外集”，以示非行者所宜专意云。

苇航集

清·陈来章著

《苇航集》，清康熙陈丰字来章著。卷一为藏府、经络、阴阳、运气诸论及诊病药性赋等，以为学医之基础。其次各卷，皆详各病证治，凡一百四十余门。每门皆先本经旨述病因、病形，后及治法，矫弊去偏，芟芜就简，使人开卷晓然。集曰“苇杭”，即诗云：“谁谓河广一苇杭之”之意。盖医道极天地之大纪，有人神之通应，不啻如河之广。一书之微，诚如杭河之一苇也。然而术能救人之灾患，方能拯人之忧危，则苇航之意，取于东渡传灯，以作轩岐之心印，亦无不可也。

医　　镜

明·许培元著

《医镜》二卷，明·许兆桢字培元撰。许氏著医书多种，盛行于世。恐其难于记诵也，复出其家藏秘诀，编成歌括以便之。上卷详六淫之外伤，及内伤情志各症。下卷述正伤寒及妇孺诸病，简要不繁，便于诵读。果能熟而诵之，若登云台而识璿玑之要诀，则天文可察。入武库而得门钥之要枢，则器具毕举。所谓捷径一通，不待骐骥而千里可适者矣。

外科医镜

清·张贞庵著

《外科医镜》一卷，清光绪张正著。张氏字贞庵，别号药樵，嵊县人。世业儒，上承视砚，积学能文。因母患臀疽重症，遂习外科。精研五运六气，考察疮疡病原。识外形，洞内蕴，故施治多效。经验既久，乃采摭前贤之精义，考验心得之元微，自成一家言。以儒为医，析理若镜，名曰《外科医镜》。首列痈疽提纲，尤简明可贵。

外科经验亲传

清·潘杏圃著

潘氏杏圃，为越郡著名之疡科医。其治疡也，有经验之膏丹十种，散末三十七种。临床施治各种疮疡，应手辄效，人以为潘氏膏丹散末之神也。不知潘氏博览群籍，以内科而转外科，故能取古方善为化裁，以成经验秘方。杭州名外科家王心原氏，得是集于阮社章氏。章氏之先世亦精治乳术，故集后复附有章氏治乳经验方法十五则，瘰疬方一则，六神丸方一则。谚云：千方易得，一效难求。本集所载，皆屡试而屡验者，洵可贵也矣。

疡科临症纪实

清·陈梦琴著

吴江陈梦琴氏，逊清中叶时著名之外科医家也。诊务匆忙，未尝著述，本书为其临床之记录，亦即为氏之唯一遗著。杭州外科名家王馨远氏托友辗转访得，为之编次序目，分类定卷，以清眉目。计上卷自头疮以至头项瘰疬。中卷自肩际以至腰肋。下卷自臀至小股，后附流注，附骨，遍身诸发无定处之疮。每证必先列提纲，次纪其死生颠末，首尾呼应。实为治疡之正轨，后学之导师也。

疡科冰鉴

清·霁峰山人传

《疡科冰鉴》，为未刊抄本。系外科名家王心原氏所珍藏。内多经验之记录，及特效之秘方。于各部各位，考据于铜人图。于刺法宜忌，悉本诸《内经·灵枢》。又摘录历代外科名家之心得，分列于各证之后。语语皆经验，方方皆秘传。读此书者，幸勿忽诸。

外科摘录

清·文叔成辑

《外科摘要》二卷，文氏方书之一，萍乡文晟辑。卷首论外科十法，如内消、艾灸、神火照、刀针、砭石、围药、开口除脓、收口服药、五善七恶救治、将息等，无不简要明白。收录各方，亦多经验者。杭州外科名家王馨远氏，对本书内之梅毒、疔痈、瘰疬、痔疮诸方，颇多试用，极有效验者也。

壶中别天

清·张鉴峰辑

《壶中别天》一卷，为外科方书之一。未刻本，卷首有清河氏鉴峰题序。清河氏大概为张姓。观其序中所述，是集得之异传云云，似非张氏原著。或者张氏因得异传而经验，集为本书以传世，亦未可知也。其中所载方药，亦有颇多经见者，然往往因各人经验之不同，而异其药量制法。中国外科之神秘，妙在不用刀针。只须熟识阴阳，多认变证，合以脉色，一匙粉末，几张膏药，即能蒇事。而吉凶祸福及痊愈之日可期，其神秘有非今日之东西外科医界所能臆测者。本书虽名《壶中别天》，实即破揭中国外科神秘之迷之一书也。

痰疬法门

清·李子毅著

痰疬，即瘰疬也，俗呼疬子颈。大概多患于虚体，小儿体瘦颈长者恒有之，即西医谓之腺病质者是也。瘰疬失治，往往转成痨瘵。本书辨痰疬之形状及内服、外敷、灸治、禁忌等，一本经验记述，后有验案足资佐证。末附梅毒、喉蛾二症主方，亦从经验得来。著者李子毅诚先得斯症之法门者矣。

增订达生编

清·文叔成辑

《增订达生编》二卷，文氏方书之一，萍乡文晟增订。举《达生编》原文，而加附胎前、产后之调理及各病治法，即孕妇之饮食宜忌。专书所缺载者，本书皆有之。夫《达生篇》之临产三法七辨，久已视为金玉。今益以胎产验方，使人人得以按症而施用之。虽目之为胎产专书，亦无不可也。名虽普通，书颇珍贵，且为家家宜备之宝笈。

妇科杂证

清·文叔成辑

《妇科杂证》一卷，文氏方书之一，萍乡文晟辑。于妇人之经候、带下、血崩及其他诸杂证，无不罗列最效而可以常用之方。且每证论列病理，故未以方书目之。妇女之病，大概以血虚气滞为多。本书采用明末傅山氏之方甚夥。傅氏为女科名手，方药以健脾养血为主，而分量颇重，用之对证，效如桴鼓。即证药不符，亦无大害。本书复杂以外治之方，益臻两美矣。

女科备要

清·王叔平著

《女科备要》三卷，清·王叔平著。上卷为统治、经候、崩漏、带下、杂症各篇。中卷为嗣育、胎前诸症。下卷为临产须知、难产手法、产后调治、产后各症。书中采摭前贤名论，自唐至明，凡三十余家。若陈自明之《良方大全》，武卿叔之《济阴纲目》，薛新甫之《医案》，王宇泰之《准绳》，皆为女科之巨著。本书折衷于四子者居多，更得赵献可之《邯郸遗稿》、单养贤之《产宝新书》、《胎产秘授》等书。世所罕见者，亦皆搜罗其精华，以备参考。而且脉症有歌，药性有赋，便于初学记诵。实为女科医籍有数之专著也。

慈幼便览

清·文叔成辑

《慈幼便览》一卷，文氏方书之一，萍乡文晟辑。小儿服药不易，故本书所刊载者，大概为量少易服之品，且兼采外治法以辅佐之。卷首之小儿病诊断，以及惊风辟谬，集选诸幼科书之长。证多方备，医家备用，既便参考，而育婴之家，存查左右，亦多长益，微特便览已也。

痘疹摘录

清·文叔成辑

《痘疹摘录》一卷，文氏方书之一，萍乡文晟辑。凡痘症之见点、起发、灌浆、结靥诸候，皆已详细记述，并附各症方剂。惟卷首鼻苗种痘诸法及论理，似已落伍。然其发明实始自宋真宗时，较满氏之牛痘术约先七百年，颇有史传之价值在也。后附疹子六条，于斑疹、水痘等，简要叙述。如能逐条辨认，诊治痘疹，亦可大致无差矣。

痘疹世医心法

明·万密斋集

《痘疹世医心法》十二卷，明万全撰。原名《痘疹心要》（见《痘疹碎金赋》自跋），后人称为《痘疹世医心法》。乾隆时欧阳调律重刻者，更名为《痘疹慈航》。内分一百二十八篇，后正方一百四十七首，于痘疹之初终治法，以及预防之道，收录甚备，立法甚精。万氏全书中之《痘疹心法》十三卷，编次与内容完全不同。本书或系万氏订正本。彭端吾与《痘疹玉髓》同梓，皆为罕见及少传之珍本。

痘疹玉髓

明·万密斋集

《痘疹玉髓》二卷，不著撰人姓氏。彭端吾同《痘疹世医心法》合梓，疑即万氏所著。上卷统论痘之变态，及五藏各经主治。下卷列五藏各经痘疹图，及药方药性之类。卷首则附有毓麟芝室玉髓摘要，为全书之纲领。谢氏辞典测是书为明清人之一种札本。统观全书，实多经验之谈。去芜存菁，必较本来面目为佳也。

幼科类萃

明（佚名）

《幼科类萃》九卷，不著撰人姓氏。开卷有明·李濂序一首，系嘉靖十三年冬月题。观书中引用诸家之说，盖亦明代医工为之也。书名类萃，集小儿医诸家之精华，已可概见。当时之治河中丞刘松石氏，谓是书有保婴活幼之功，授意开封郡守刊刻，其利民惠物之意。书为钱正卿名医所藏。因世少传本，爰为假录刊行。

保婴易知录

清·吴溶堂著

《保婴易知录》二卷，补编一卷，清·吴溶堂辑述。上卷集婴儿鞠养法十五则。下卷为胎疾六十七种之治法。补编详杂症疮疡，于婴儿各证已无遗漏。吴氏曾合梓宜麟、达生二编，所以示人慎之以受气之先，不幸患疾即以是编求之。观序言之各方梓刻，当时婴儿之得保养，既不在少数，后之赖此以护治婴儿者，当获益无穷。而其中方鬻大制，药无奇珍，采用尤称便利，洵为保婴之善册也。

瘖疹秘法

清·王仲庵著

《瘖疹秘法》一卷，清·王仲庵著。凡瘖疹之病源、病理、治法、药方等，约共一百三十篇。言简意赅，读之可无长篇累牍不胜记忆之烦。瘖疹书之实用者，以此为最。近来患瘖疹而夭殇之孩提，年不胜计。故以治瘖疹之善本，刊传不可或缓也。

育婴汇讲

清·娄陈宗彝编

婴儿为将来国家之主人翁，保养之道，自古讲求。书曰：若保赤子，观保民之贵于诚求，知保赤之愈不可不诚求也。《育婴汇讲》一卷，为松阳育婴堂司事娄陈宗彝女士辑讲。凡婴儿之初生将护法、婴堂之新收将护法、授乳法、与哺法、衣裸法、眠抱法、慎疾预防法、有疾调护法、诊治法、相寿夭法、寓教育法，弥不详细择录，应有尽有。末有附论一篇，杂述乳媪乳汁之良劣、管理育婴之经验，尤为心得之言。无论新旧家庭，皆有备此一编之必要也。

幼科指掌遗稿

清·叶困庵著

《幼科指掌》，清·叶杏林著。博采众书之长，有二百五十余种之多，删削繁冗，摘取精要，于幼科各症，已无微不至。且贵能由博返约，开卷展读，明易如指诸掌。考叶氏所著医籍甚夥，其生前刻行者已有《脉镜》、《女科》等书。本书系叶氏晚年所作，为其哲嗣梓刻者，较他书更多精论。兹得时贤蔡松岩君，于各门加附按语，尤觉难能可贵。

万育仙书

清·曹若水著

《万育仙书》二卷，曹若水著。卷上详婴儿之调护，对于初诞、回气、浴儿、断脐、剃头诸琐屑，弥不详记。而身体重要穴道之所在，推拿之手法，与审证治病等，或用歌括，或用浅辞，皆易明览。最可贵者，将指纹及按穴推拿手术，绘明显准确之图解以表示，使学者不难按图索骥。卷下则纯为养身之导引诀，如却病论运气诀、吐纳解六气诀、仰和天真、俯按山源、拭摩神庭、营治城郭、下摩生门、止观代药等法。又将八段锦坐功捷径、四时坐功却病法各绘图说，可以依图实习，收事半功倍之效。实为养生保命之要籍也。

麻痘蠡言

清·陈英畦著

本书为新会陈伯坛著。文辞简洁老练，论理次序明显。其治麻痘也，以太阳得开为上吉。首选升麻葛根汤为导引法，解毒加蜂房饼，营卫不足则保元汤，陷毒反攻用黄芪建中或四逆之类。又论逆痘以有根、无根为主观，并历述诸麻痘书之内容，亦颇切实。因此书曾选为伯坛中医学校讲义，几经修改，颇少舛误矣。

急救百病回生良方

清·马培之评集

坊刻单方验方书甚夥，既不凭脉，亦不辨证，病家照样写药。不明虚实，不识寒温，贻误匪浅。孟河马培之所评之《王氏外科全生集》，其论阳和汤为温散血中寒邪，果系阴寒凝结，服之可以消散。如伏热郁热之症皮色白者，是为假寒真热，误投之，是速其溃也。至已溃之症，麻黄尤所必忌。乳岩起于肝郁，久则化火掣痛，姜桂必不宜服。诸论如是，后人奉为圭臬。本书上下两卷，方约三百则。悉经马氏评正，无过剧过偏之弊，良方书之上乘也。

增补疗癖经验良方

明·郭孟坚编

明·郭孟坚因第三子之病癖垂危，针刺刀割之无效。于是遍检医家疗癖方书，收集川广真正药材，对证加减，修合作剂。仅调摄匝月而小愈，迄百日大瘥。乃掇拾经验方十四则，并论禁忌针割之弊，癖痞之辨，服药之忌，至为简明。迄万历戊寅，泾阳王玎氏，检阅素用效方之疗癖者，得二十六方，为之增补重梓。并附张子和治癖之四方，及揉癖手术，先后合璧，堪称治癖之专书矣。综览是书效方，大概内服以芦荟、虾蟆为主药，外用以阿魏为主药。而以健脾消积、运气导滞之品为佐。至于攻和缓急，须适得其宜。苟能善于化裁，癖癥痊愈可期矣。

良方集要

清·周鹤群辑

本书在乾隆十六年钱塘周鹤群氏择屡试屡验之方以成，名曰《良方集要》。乾隆三十九年，其哲嗣位西复续纂而增广之。嘉庆庚午，遇祝融之灾。又增入名医沈允中之试验各方，重梓施送。咸丰间遭兵燹，书版皆为之荡然无存。同治九年，张氏养和山人于绍郡乡民家，获睹是编，已微有残缺，为之补辑而刊印之。几经遭劫，几经厘订，历劫不磨，是有其特长者也。篇凡七，为方脉、女科、儿科、外科、伤科、急救、杂科等。方约四百则，每方皆有意义，平稳不峻，可佐临证之实用，亦可作家庭之顾问。

厚贻堂集验良方

清·羌澹庵辑

《厚贻堂集验良方》一卷，清·羌懋德字澹庵编。首详养生却病之法。次列各证治方，如风痨蛊膈、疟痢痰火、喉风、心疼腰痛、眼耳口疳、牙疼、黄疸、消渴、梦遗、痔漏、疝气诸症。后皆外科疮疡方。每证不止一方，非谓一方不验，又试一方也。或药有不同，此处得之易，彼处得之难。或投之此证而合，投之彼证而不同，备此得以广为采用矣。

校正逸园集方

清·任逸园编

《逸园集方》四卷，清·任埙辑。任氏以用药治病，自有专医负责，而穷乡僻壤之处，或饥寒贫病之家，有病难以延医，仓卒不能办药者甚多。唯天地生人之心，好生之德，原具于五谷五味之中。如蔬果刍豢之属，日用饮食之常，其效有倍蓰于针砭药石者。但其说多散杂诸书，而莫为综理，涣漫难稽，故湮没不传。氏因之搜取古代方书，近贤医籍，以及诸类本草、花苑、群芳谱、历代食治养生书等，凡百余种。益以当代身经目击之传闻，分受病之类，共一百三十余门。汇治病之方，约二千四百有奇，每方皆注出处，可为根据。卷一为身体各部类。卷二为内伤类。卷三外科类。卷四妇孺类。病家按方自理，既便取用，亦可无假物力，不事探囊永叹，而居恒饮食之间，危者以苏，惫者以起矣。即万一投之未奏速效，同时亦无大害。古今来集验方以刊施者颇多，苟杂以峻方毒剂，稍不对症，易致贻误。唯本书可免此弊，且因此而得综汇医籍以外之方剂，亦有功于医道者也。原本脱简讹字，后经近贤沈仲圭精校，弥觉可珍。

方　纪

明·许培元著

《方纪》二卷，许兆桢字培元撰。先病机，次用药凡例，次主治虚实，次经引各证，末附用药须知，脏腑图说。皆约以韵语，语又错出赋偶长短古近之间。不特为医方之纪律，实治病之纪律也。

平易方

清·叶香侣集

《平易方》四卷，清·叶香侣集。卷一医论及成药制造法，颇多精义特长之处。卷二为内病各症。卷三为外伤疮疡妇孺各症。卷四为身体各部之上下杂症。末附怪脉篇及福幼编。所选各方，皆平稳无害、简易可从者，故名平易方。首附医学摘要一篇，于治疗、诊断各法，提要钩元，说得详尽无遗。所谓要言不烦，可称临证指南。

救急录

清·李颂南著

本书为急救服火柴毒之专书。凡火柴误吞发现之形状，及辨其是真是伪，并以入胃时间之迟早，定救治之缓速难易，皆系经验之记述。其催吐也用器械，解毒用清热解毒汤，并用轻剂、重剂二大黄汤以凉泻之。如热势极盛，大便不畅，可急饮雪水。又创荆芎散、活血汤，分轻重而施之。事后以甘归芍药汤、金沸草汤等以和血利气为调治。末附救治验案。俾施救者平日了然于胸中，始可投救于临危。

福世无遗录

民国·张汝伟辑

本书常熟张汝伟编，为外疡之验方。而小儿不能服药之内症，必须用外治取效者，间有附录一二方。分敷、膏、掺、吹、丸五门，皆系采自行道医生经常日用之秘密良方而成，方下皆注明师传或本诸各方书出处。个个效用，与市肆流行之所谓经验方迥别。盖张氏取福己之心福人，录验方足以福普天之下，以福万世生命，故名为《福世无遗录》。

慈惠小编

清·钱守和等辑

《慈惠小编》三卷，乾隆时吴兴钱守和、吴焕合纂。为便利穷乡僻壤随时备急采用而设，以选列食物单方居多。若非恒用之品及药味太多者，均未录用。博采旧闻，考订详审，于各科疾病及诸急救方，皆已大备。与随手摭拾即成之方书，诚有天壤之别也。家庭备用，方便良多。名曰慈惠，洵附其实。称之小编，可谓谦词。

经验奇方

宋·李日普辑

《经验奇方》一卷，溧阳李日普辑。杂采诸病奇方，分为二十八类，若脑漏、头风，以及臁疮、咬伤等。自上部以至下身，并及遍体疾患，集方约二百则。尤以第四类目病门，录自鸿飞集，详分五十症候，每证各有主方。求之专门眼科书籍中，亦不易多觏也。

经方例释

清·莫枚士著

清归安莫枚士，生于嘉庆癸酉（公历 1813 年）。一身致力经学，既撰研经言。后五年，复撰《经方例释》三卷。首列经方用法、制法之原理。次详用水及仲景用药与《神农本草》异同考。皆考证精详，说理显明。其例释仲景诸方也，大率以本方建首，而以加减诸方隶之。更取《千金》、《外台》及其方书之可采者，连类而疏证之。考名称，辨药品，较分两之多寡，于古今方书参互合并，变通脱化厘析移易之。不特抉古方之幽微，使其豁然开朗，亦能弥古书之残阙，辟异说之荆榛，洵可贵也。今之治医者，于经方一味一量增减处，往往不加研考。以致视古今方书之浩瀚，每苦方多而无所适从之憾。读本书可以知经方之化裁，识制方之端绪。则临床施治，胸有成竹，自然左右逢源，不致杂凑成方矣。

方解别录

清·余啸松著

古哲经方，精而不杂，简而不繁。至唐宋末，尚不甚相远。元明以后，法遂淆乱。而用药者，乃专尚偏寒偏热、偏攻偏补之剂。一有所偏，则各凭臆见，互相訾议，鲜有折衷者。新安余氏啸松，有鉴及此，于阅读医籍之余，偶有所得，辄随笔记录，成《方解别录》一卷。其中或采名言，或舒己见，颇多辟谬合理之论。

胡氏应验良方

清·胡瀛峤著

从来辑刻良方书者，以好善之士为多。往往缺乏医学知识，以鉴别其良窳，致道听途说，以误传误者有之。本书编者胡瀛峤氏，即为余姚著名眼科之寿明斋主人，其门下士遍各省。然其经验秘方则讳莫如深，虽子弟亦择人而授，不易轻传也。迨年登耆寿，徇绍兴裘氏之请，允公开其秘方焉。尤恐人之竞相传说，影响其子弟之业也。因出其平日赠药之验方，及其见闻确有特效者，编为《应验良方》。而杂以胡氏不传之秘方，以俟世之识者自择。故本书虽仅良方五十余则，而眼科秘方特多。序言均未明言胡氏之秘传，而胡氏不传之秘，然已和盘托出矣。

急救便方

清·文叔成辑

《急救便方》一卷，文氏方书之一，萍乡文晟与友人赵子鹤亨衢所同订（见《文氏内科摘录》序）。凡自缢、溺死、冻死、五绝、诸伤及各种饮食中毒等，皆有救治之方法。所采用之药物，亦颇简便。急救者备急时救治之用，宜家家备之以便遇急救人也。

邵氏伤寒成方辑要

清·邵子雨辑

本书四卷，清·邵澍辑。氏字子雨，浙江平湖人。精外科术，多经验方，是编之方，盖即经验之结晶。为其哲嗣莘渔、松楼昆仲所传，门人周如春校订者。有内服汤剂丸散，有外用膏丹药酒。观其中之选载，录自《金鉴》者泰半。而奇特之秘方亦不少，共计诸方二百五十有奇。间有解释方义之时，附述病理，于证候之阴阳虚实，治疗之转变化裁，亦多指明。氏虽专业外科，而医书博览，心灵善悟，或遇义有疑误，辄能单词只句以解之。故于道光七年（公历1827年）捐馆后，其嗣君等搜罗遗著，除集为本书外，尚有《医学偶评》四卷未付梓。逆知阅本书所刊之方药症论后，必以氏之他著未刻者为憾矣。

医方便览

清·傅云岩辑

是编为清·傅云岩氏辑。其医方悉本李濒湖《本草纲目》。然《纲目》包罗万有，珍异贵物，或有不能猝致者。是编所录则以日用易得之品为准。考《纲目》之附方，先后辑录刻为专书者，有《医方主治》、《万方针线》、《本草类方》等书，率以病症分类，而主治只约略，标题针线终须翻阅全部。是编因病分类，因类列方，共为十二卷。庶求觅方剂者，一检即是，诚得便览之名实矣。

温氏医案

清·温载之著

清·温载之读书颇多，治病之理路颇清。著有《温病浅说》及《急惊治验》，嘉惠后学，已非浅鲜。本集为温氏三十余载治验之案，计有伤寒、温病、杂症、内、伤、儿、妇、胎产四十余门，皆系险要重症，经温氏负责疗愈者。末附疯狗咬方及辟催生论。济世利人，厥功甚伟。

北箨山何氏医案

清·何书田著

本书为何其伟著，未刊稿本。何氏字书田，初为诸生，工诗词。因世业内科医，遂继祖业，名噪一时。著有《医学妙谛》，绍兴医报社出版。读者多称道之，其案多吉凶预后之言。而用药则崇古方而不峻烈，合时方而不空泛。于是知何氏之克享盛名，亦非偶然矣。

韩氏医案

清·韩伯瑾著

本书为浙医韩伯瑾自记其平日治验之医案。有风温、温热、湿温、暑温、瘟疫、瘟毒、霍乱、痢疾等八门。治宗叶派，清灵活泼。所贵者书中历记诸大症逆证，自始至终，案药俱全。案语如老吏断狱，无一语虚发。用药如大将运兵，层次井然。善用犀羚，亦善用参桂。因病用药，足为后世法。

叶氏妇科医案注释

清·杨大年著

本书为未刊原稿本，介休杨大年注。杨氏为时贤杨星垣之尊人，一生教读，二十七岁中副贡，古稀登虎榜，故乡里咸以宋代梁灏目之。而披阅历代医书尤夥，晚年闲居林下，即诵读医籍以养性保命。因鉴于妇科之经、产、崩漏、淋、带、癥瘕诸疾，为妇人恒有之证，亦医家所难治之证。以叶氏案因病立方，无一药不切中病情。但恐锦绣鸳鸯，金针暗度，初学者未能得其用意之所在，不免泛泛视之。遂详加注释，则某药治某病，或某病用某药，与病变药变之处，一一指出。俾明立方之妙，具徵煞费苦心。而注释本书时年已耄耋，尤属难能可贵。

寿芝医案

清·王寿芝著

寿芝王廷俊，清四川成都人。熟读《内》、《难》，于《伤寒》尤见精研。本书之医案一卷，系同治六年王氏宦游浙江时，追忆在川之验案。皆为疑难重要之大症，而悉以仲景方化裁治之。方后录有历代名家之论解，足资参考。

老老恒言

清·曹慈山著

乾隆曹慈山氏，幼有羸疾，患童子痨。家素华膴，不问治生事，故终其身未出乡里。天性恬淡，虽博极群书，于经史词章之考据无不精，而不屑蹈坛坫标榜之习。是以朋俦绝鲜，声华阒如，终日焚香鼓琴于园林，意致旷远，寿至九十余乃终。年届大耋，犹姬侍满前，不事药饵，不希导引，惟以自然为宗，故能颐养天和，克享遐龄。其所学不悖濂洛，不师老庄，亦不旁涉二氏，戛然为一家言。所辑《宋百家师存》及《讲经》各种，皆采入《四库全书》。此《老老恒言》二卷，后人或称养生随笔，乃自言其养生之道。慎起居，节饮食，切于日用琐屑，浅近易行。若深味之，古今至理，实已不外乎此。引证书多至三百有七种，亦可谓博而约矣，不独医家所宜人手一篇也。

医　镜

清·汪焜羲辑

明·王宇泰有《医镜》四卷。许培元有《医镜》二卷。又如武进县志，记蒋宗武祖达善，以医名吴越间，所刊有《医镜》三十卷。而医籍考载有卢昶之《医镜》。古来以“医镜”之名籍者，或不止此数，要皆医学之方书也。本书之《医镜》，上卷系记述历代名医之所学为人镜，下卷记医家之至理名言为言镜，汪焜羲辑，曾刊于《三三医报》中。据序言初拟年辑一编，未见嗣出，然读此识古人之言行，亦可师法也矣。

医方丛话

清·徐沅青辑

《医方丛话》二卷，天津徐沅青辑。曾刻于《蝶访居丛书》中，流传极少。而其论医论方七十余则论药者半，皆考证精细，或从各种笔记。如《癸巳类稿》、《至正直记》、《梦溪笔谈》、《东坡杂记》、《广群芳谱》、《渑水燕谈录》、《孙公谈圃》、《野客丛书》、《调燮类编》、《岭南杂记》、《辍耕录》、《蠡海集》、《龙川略志》、《啸亭杂录》、《天禄识余》、《晁氏客话》等摘录。读之增人智慧，于医药学大有裨益。

医学一得

清·吕根腴著

清·吕根腴以四十年之治病经验，不愿将医案刻世，而以其经验所得，特标八法九不同，与夫验先后天诸诀，集为《医学一得》一卷。首论审证用药，多与寻常说相反，非真反也，经验之不同也。故本书杂论四十九篇，皆切实说理，无事雕镂虚空。读一书，得获一人之经验，多读书即获多人之经验。开卷有益，诚非虚语矣。

医医歌

清·包桃初著

《医医歌》一卷，光绪二十四年闽杭包桃初著。包氏客于潮州，目睹潮人之讹传：水土大热，偏嗜寒凉，死畏温药。因撰五言古风四十九首，撮其害之大端，足以救正医风，故曰："医医歌"。包氏精于医，尤具挈引后学之热诚，故本书外著有《伤寒论章节》等书。

第五编　《皇汉医学丛书续编》提要

校正灵枢识

日　丹波元简廉夫著

《灵枢》《素问》合为《内经》，治医者必以此为基础。然而研读之人，往往详于《素问》而略于《灵枢》，盖以其经脉繁复，多及针砭，似为针学之专书也。岂知《素问》诸篇，随问而答，头绪颇多，入径殊少。《灵枢》则大体浑全，细目毕具，犹儒书之有《大学》，三纲八目，总言互发，故马氏有功先《素问》之说。日人丹波元简氏，精研《灵枢》，颇有心得。乃集各家之释文，并将《甲乙》与其他有关之经籍，互为校勘，定其是非，撷其菁华，逐段缀列，而成《灵枢识》六卷。识音志，义亦与志同，意即记其简奥之文，加以注释，使其义理条畅明达也。顾其书为元简氏晚年所作，未及刊于生前，《聿修堂丛书》，阙而未列。至其孙元佶、元琰，始用活字版排印，校核未精，错讹杂出。用特罗致原书所引据各本，如《赵简王居敬堂刊本》、《医统正脉》暨《道藏本》等数种，请周艺人氏细加勘正，较原书益臻完美，与前集《素问识》、《素问绍识》俱可称为完璧也。

素灵一隅

日 弘化谷其章著

本书为未刻本，日人谷其章元圭氏原著。氏字可贞，初以《内经》《素》《灵》，疑为汉人拟托，今文而非古文，不值一读，故专攻《伤寒》。嗣其门人有问《素》《灵》之是非者，氏乃反复研究，知其中颇有医学之基础。乃撰经文要旨于卷首，并择要加按，次为望法，五行配合图说，五运六气配合图说，司天在泉表说，营卫，津液，气血，三焦等，共为一卷。原著为初稿，朱墨之钩乙未清，篇次之颠倒先后，而文字之鲁鱼帝虎亦复甚多。爰重为编订，观其所摘录者，皆切实用，且按语清晰，便于初学。虽非《内经》全篇，而不失《素》《灵》文字之旧，故为之选列医经类。

素问运气论奥疏钞

日 松下见林著

《素问运气论奥疏钞》十卷，日人松下见林撰集。《运气论奥》，原为宋·刘温舒撰，或称《素问入式运气论奥》，凡三卷，附《黄帝内经素问遗论》一卷，共三十论，二十七图，将干支配合变化生克之义，建运司天在泉依次轮值之法，详为阐述。松下见林氏以五运六气该一五行，人生千变万化之病态，皆不出乎阴阳五行。用药视天时盛衰，体升降浮沉，或补或泻，亦无不拟之于阴阳五行。则燮理阴阳，以施治疾病者，运气必不可废。因取刘氏原著，采集经文，及各家有关运气之论述，依次诠附，并及训诂文义，撰为本书。且能以论证经，使读者可由分析综合之途径，而得明确之义例，自未可与肤见泛论者同日语也。然运气之说，医有信否之二者，相互评击。经本书校者周艺人氏，徵引双方之言论，加以事实之根据，撰附校勘记约四百余言，益使气运之与医理，彰明甚著矣。叶天士戒子书云："不知天时者，不可以为医"，良有以也。

素问运气论奥辨正

日 松下见林著

日本松下见林氏既取宋·刘温舒所著之《素问运气论奥》，采集经文及各家有关运气之论述，依次诠附，并及训诂文义，而成《疏钞》十卷。复徵引诸书，蒐辑辞理贯通，而《疏钞》中难以论述者，及训诂文义之外，犹有不可不知者，别为本书三卷。卷上为五行天文，星历诸图十九幅，宿度星辰各解六篇。卷中为五行生克时刻气运诸图二十六幅，八卦次序，漏刻制度，二十四气等说解十五篇。卷下为九宫八风，日月蚀诸图四幅，论潮泉地震，及天地始终说等七篇。皆是自然界之奥理，成为玄妙之学，胜过实理之科学书也。

难经发挥

日 菅井仓常文平著

《难经发挥》一卷，日人菅井仓常著。抄取《难经》原文，视其文义有晦涩不明之处。或根据心得，或采摭古说，逐节加以发挥，使古经奥义，明白晓畅，简要切实，无浮泛衍文，可为《难经》之读本。

图注难经统宗

明·王文洁注

日人增评

《图注难经统宗》六卷，或名《难经注释评林捷径统宗》，简称《难经统宗》。日人增评，明王文洁撰集，王氏别号无为子。据明万历己亥刻本，魏时亨序称："东友冰鉴王氏，究心医学，察前晰后，击蔀廓蒙于八十一难，又发其变通之用于图评之间。"按其图评，均本张世贤之图注，增饰润益之，较张氏原注为详尽，自足称也。其眉注则多集《灵》《素》两经之原文，比较相勘，详略互发。即可由《难经》而释《灵》《素》所蕴之奥，由《灵》《素》而证《难经》所发之义，述前继后，相得益彰。俾经义得以透辟无遗，亦即导学者以探本逐源之法，免恣逞其私智曲说之弊，洵可贵也。

古本神农本草经

日 福山森立夫辑传

医经从来鲜有古本，至《本草经》而极矣。盖《素》《灵》《难经》及仲景书，俱为宋人所校。若《神农本草经》，则自梁·陶宏景为之集注，而苏长史续有《新修》之撰，尔后转辗附益非一。旧经之文，竟并合于诸家书中，无复专本之能传于后矣。赭鞭之事，邈乎已远，唯往圣织识相因之遗言非妄，则后之讲药性之理者，舍此又将何从？然其年湮代久，朱墨之相错，文字之讹脱，亦复在所不免。明·卢复虽有原文摘录，收入于医论种子之中，而徒采李氏《纲目》，不加考正，以致纰谬百出。清·孙星衍与顾观光等亦各有辑本，孙本收入于《平津馆丛书》中，顾本收入于《武林山人遗书》中，无如水萍与藻苹并列，柳华与柽杞同称，是非莫辨，何能称为考古善本？日本福山医员森立夫氏，搜集诸家《本草》，研究本草学垂三十年。以《真本千金方》、《太平御览》及《医心方》等细加校勘，恍然悟古本之叙次。因又推复陶氏朱墨二文之旧，采摭白字，辑为《本经》原文。上卷上药一百二十种为君，主养命以应天，无毒久服不伤人，能轻身益气者。中卷中品一百二十种为臣，主养性以应人，无毒有毒，斟酌其宜，欲遏病补羸者。下卷下品一百二十五种为佐使，主治病以应地，多毒，不可久服，欲除寒热邪气，破积聚愈疾者。共三卷，为《神农本草经》考古本之最精确者。氏于本书外，别有《考异》一卷，相与征证，可知本书所辑之非谬。

神农本草经考异

日 福山森立夫撰

日本福山森立夫氏，既辑《古本神农本草经》后，复成《神农本草经考异》一卷。除经文藏府作脏腑、泄利作洩痢、淡作痰、焦作膲、温作瘟、华作花、注作疰、凑作腠之类，皆后世所改俗字，不加辨正外，凡与文义有异同者，悉从诸家《本草》及《真本千金方》、《太平御览》、《医心方》等，举录考证之。读《本经》原文者，又不可无此以资互证焉。

唐卷子本新修本草

日 丹波氏摹刻

本书存十卷，补辑一卷，原南唐司空上柱国英国公李勣等奉敕修次。亡佚已久，日本丹波氏觅得影写旧抄本摹刻，藏于聿修堂，德清傅氏得之景印。丹波氏《经籍访古志》曰："按此本旧钞于天平，距显庆仅六七十年，则为当时遣唐之使所赍归，实为李勣等编修之旧，无复可疑。今以唐氏证类校之，异同错出，可互是正。而彼土宋后亡佚不传，则李时珍辈无知妄作，亦职是由，洵可慨也。乃在皇国亦久湮没不显。往岁狩谷卿云西上，观一缙绅家旧钞，即五六百年前人据天平抄本誊录者。实为天壤间绝无仅有之秘笈，爰为影摹以传同人。于是神光焕发，世始得窥古本草之真，则卿云之功为至钜也。”读此则本书之名贵可知。今特重为影印，以存原书真相。古色古香，愿与读者共赏焉。

本草图经

日　橘亲显等校刊

《本草图经》二卷，附刻于《太平和剂局方》之末。核其所载，颇与苏颂之《图经本草》同。然考《图经本草》原书，图与说多不相应，或有图而无说，或有物而失图，甚或说是图非。本书则一图一药，约有三百四十余味，类药一百余味。且经日本橘亲显、细川桃庵、望月三英、丹羽正伯等四人之校正，已鲜有错误。其说多存宋以前诸家《本草》之旧，本草书之善本也。前为扬州叶氏石林书屋所藏，绍兴裘氏重价购藏于读有用书楼，亦善本书之秘笈也。

针 灸 则

日 菅沼周桂著

《针灸则》一卷，日人菅沼氏著。氏名长之一，字周桂，精究针灸治疾。仅以七十穴之范围，可以应用内外百病，克奏奇效。本书卷首，即详七十穴之部位，及其主治之病症。次就各病分门，记述或针或灸之经验用穴。每门且简列病理，辨正是非，不特为针灸之规则，抑亦内科医所宜参考者。而其凡例、卷末之附言，对于历来针灸家所谓禁忌俞穴、禁忌时日等，均目为妄诞，并以实验例证明之。氏之所以无禁忌之说者，盖谓针灸必须有经验之手法，手法用得其巧，虽禁穴而转能奇效。否则如针断肉中，或针出血液，或灸不得法，虽非禁穴，亦有危害，实为心得之实验谈。其他关于针刺之深浅、灸数之多寡，亦有明确之论述。

针灸素难要旨

明 · 高武著

日 法桥冈本校刊

《针灸素难要旨》，简称《针灸要旨》，或名《针灸节要》，明 · 高武撰。武别号梅孤子，于本书之外，别著《针灸聚英》四卷。凡诸书与《素》《难》异同者，取其同而论其异，亦颇多发明。本书则以《内》《难》所传之针灸为主，而于后世专书名家亦附述焉。原书初刻于嘉靖丁酉（公历1537年），日本法桥冈本一抱子有重订本。首列《内》《难》书目考及九针图。卷之一列《难经》针法十八篇。第二之上篇，列《灵》《素》用针法三十六篇。第二之下卷，列《灵》《素》各病针法五十九篇，灸法八篇。卷之三列十二经、奇经八脉、十五络脉、十二经筋空穴、十二经井荥经俞原合、同身尺寸、经脉长短等十篇。核其《难经》节要，主滑氏本义，以其折衷诸说也。先取行针补泻，次取井荥俞经合。又次及经脉，各以类相从，不拘旧经篇次。《素》《灵》节要，则先取九针，次补泻，次诸法，次病刺，次经脉髎穴，亦不拘旧文篇目。综览全书，或录《内》《难》之全篇，或摘《内》《难》之一节。以类聚之，正其误文，增其阙义，阐明经旨，承启后学，允宜参考。

针灸说约

日 石坂宗哲著

本书一卷，日人石坂宗哲氏著。氏名文和一，字廷玉，自号竽斋。世业针灸，复以研究二十年之心得，由博返约，为生徒讲受捷径，由土桥甫辅、川侯文哲笔记而成本书。卷首为《灵枢》骨度篇。次述十二经穴之部位，及其针灸应用之疾病。复据《灵枢》九针十二原，别补泻迎随之法。又次列刺法与要穴于卷末。不拘纸上之空谈，而以实验为依归。约而精，简而明，足为研治针灸学之阶梯。

经穴汇解

日 原昌克子柔编

《经穴汇解》八卷，日本原昌克子柔编辑。按针灸经穴，《灵》《素》言其名，而略其所在与寸分。《甲乙》道其详，而其寸分则间有参差。《千金》、《外台》、王太仆《素问次注》所述，又各有不同。暨此而下，更复异说纷纭，难衷一是，学者苦焉。是编所集经穴，以《素问》、《甲乙》为主，而并集各家之所述。类其异同，别其是非，于揉杂纷纭之中，而规是其正。俾学者不生歧途，惑己害人，诚可为研习针灸之准绳者矣。惜是书流传未广，我国针灸家尚少寓目，而迷惑于穴名分寸之间者，恐比比然矣。倘举是本研阅而参究之，用以是正其谬，并以拣别古昔医籍载述之误，绳系而规一之，其于学术整理，实可获事功相倍之效。

子午流注针经

元·何若愚撰

日人抄校

《子午流注针经》三卷，元·何若愚撰，常山阎明广注，窦桂芳校正。考子午流注之名书者，别有《子午经》一卷、《流注经》一卷、《流注针经》一卷，并皆亡佚。若《子午流注针经》者，世亦罕见流传。本书为日人抄校本，卷末记有："文安二年秋，孟西英子于筑前苇屋，针经灸经写之，以充后学之一览云尔。"诸字可证。卷首有元贞元年，燕山良祐氏序文一篇。考元贞为元朝国号，时当公历 1294 年。历一百余年，至宣德壬子仲冬（明宣德七年，公历 1432 年），始由广勤堂新刊，迄今亦经五百余载。故序文中间有原缺数字，任缺以存真。全书四十七篇，除总说歌赋七首外，余均图说对照，实为研究针灸经穴之古本秘籍也。

十四经发挥抄

明·滑伯仁原著

日 谷村斋玄仙校释

《十四经发挥抄》十卷，日人安斋玄仙纂辑。《十四经发挥》，原为我明·滑寿所撰。其书以《素问》骨空诸论及《灵枢》本输篇所述经脉为主，杂取《难经》、《甲乙经》、《金兰循经》、《圣济总录》等为注，图章训释，缀以韵语，共为三卷，所以发挥十四经络者也。而日人以其流传已久，字画多鲁鱼，句读亦不分明，且于经络之迂直，俞穴之处所，未经详细点明。乃执新刊《十四经络发挥》，明其训诂，析其句读，辨其鲁鱼，审其名义，俾学者一阅易晓。且以《内经注》、《证类注》及《甲乙经》等书，参互校雠而折其衷。使针灸者不致误俞穴，汤液者不致差经络，较之《十四经发挥》原书，盖益精详矣。

诸证灸法要穴

日　南川道竹编

本书一卷，日人南川道竹编。卷首列穴位图十三幅，第一幅为头部及躯干部各穴，次为手足十三经穴。穴图之后，即记述各症要穴，以证分类，凡一百余门。无论内、外、儿、妇各科病症，皆可应用灸治法。且其所选列者，历经试验，故附注应灸壮数，足备针灸家之参考。

评注古本伤寒论

日 浅野徽校

日 山田正珍等评注

本书十卷，校正者日人浅野徽氏。氏以今传《伤寒论》皆非原本，特取明季赵开美校刻之宋本《伤寒》，与成本《伤寒论》加以考校。当删者不之删，别为注以明释之，期存古书之真面目。又经山田正珍等评注。引征之博，搜集诸家注文之广，实为不可多得之佳本也。

伤 寒 考

日 山田正诊宗俊著

本书一卷，日人山田正珍宗俊撰。山田氏学宗长沙，致力于《伤寒论》也甚专，故其所得也甚深。夫伤寒大论，为医者基本功夫，惟以原文简阙义奥，复经后人入以五行之说，益感迷茫难通。今作者于大论中难解诸端，若阴阳、寒热、六经，若晦涩之病名、症状，若汤方及加减等等之真义，与夫仲师撰本《灵》《素》之旨，及大论与《灵》《素》异同之点，均加详明阐释，予以考证。实事求是，无假借模糊之谈，故虽篇幅不多，而学者读此以研究大论原文，当可免除无数障碍，而领悟较易。末采仲师事迹，亦为详博罕觏，实不易多得之佳作也。原序已佚半篇，因系孤本，已无从增入，然幸无伤正文云。

伤寒名数解

日　中西惟忠子文著

日人中西惟忠子文氏，谓《伤寒论》为仲圣记传方术于书之首创者，而《金匮玉函》则为后人之伪选。又谓《伤寒论》所载者，于脉证皆有名有数，其行文之法，亦不与后人之方书同。因其疾病名称、病证变数，皆有法则，故撰《伤寒名数解》五卷。卷一述《伤寒论》之名称，及辨其自序为后人所伪拟。次于辨脉法及平脉法与伤寒例释等，亦辨为叔和所混杂。卷二卷三历述各症之辨别，如热为五纲十二名，恶风寒为三道，头痛、头眩、呕吐、喘咳、疼痛、腹痛、腹泻、瘀血及汗之与厥则各二道，消渴之与烦渴则各四道，燥屎、宿食之一而为八，下利之二而为六，无不辨析详明。所谓道者，即证候之种别也。卷四论日数、挈因命证、方证互略、方从表里、数量、加减法、服法等七则。卷五论脏腑、三焦、荣卫、虚实、死生、三权、仁术及古今方等。皆考证有据，论述精确，为后世伤寒书著述之别开生面者。

伤寒杂病类方

日 喜多村直宽士栗著

清乾隆己卯徐灵胎有《伤寒类方》之作。而相距四年之日本宝历壬午，日人吉益公言（名为则）又有《伤寒类聚方》之刊。异地著作，竟如印券符契。惟灵胎之撰，仅有伤寒，而乏杂病。公言之著，伤寒杂病并采，而未免踳驳。日村直宽士栗氏乃就二书加以厘正，舍瑕取瑜，折诸其衷，辑为本集。计桂枝汤类三十五方，麻黄汤类二十六方，葛根汤类五方，柴胡汤类九方，栀子汤类九方，承气汤类三十二方，瓜蒂散类四方，泻心汤类十五方，白虎汤类五方，五苓散类二十一方，理中汤类十一方，四逆汤类十三方，半夏汤类十二方，甘草汤类七方，芎归汤类六方，杂法方类七十一方。共为十六类、二百八十一方。每方之前，各详证候，纲领节目，秩然有条，亦临床实用之秘笈也。

金匮要略注解

日 名古屋玄医注

《金匮要略注解》二十三卷，日人名古屋玄医注。氏号丹水子，以六十年潜心于此书之经验，注解此书，故有非常之阐发。其论仲景之著曰：世传汉·张仲景作

《伤寒论》治伤寒，作《金匮要略》治杂病。予以为不然，作《金匮要略》治杂病，作《伤寒论》又治杂病也。《伤寒论》论伤寒而病者，而不论伤寒病。然王叔和以《内经》热病六日，而生死极者，混杂合同于仲景言中，是所以终不明也。丹水子之言如此，亦可以想见本书之注解为超特之作矣。

医方聚要

日 奈须玄竹著

《医方聚要》十二卷，日人奈须玄竹撰。奈须氏自少学医，受业于大医玄朔及子元鉴之门。治病辄著神效，故声誉隆显。历任官医，得官阶，经验甚富，用力亦勤。此作乃其执匕之暇，搜集古人诸家学说，秉其经验，刈芜存菁而成者。论治殆宗金元一派，集说繁简得中，方法详备明晰，当亦为治杂病有用可传之书也。

评批证治要诀

明·戴元礼著

日 丹波元坚评批

《证治要诀》十二卷，明·戴元礼著。戴氏尝受知于文帝，为太医院院使。既著此而不轻以受人，惟灵隐住持永乐寺僧缵西绪者，极与为方外契交，因得之而未及传布。值正统辛酉监御史陈嶷巡抚浙江，西绪乃付以刻传。卷一为诸中门。卷二诸伤门。卷三诸气门。卷四诸血门。卷五诸疮门。卷六诸嗽门。卷七寒热门。卷八大小腑门。卷九虚损门。卷十拾遗门。卷十一疮毒门。卷十二妇人门。分门析类，随证施治，悉根于理。以人之感疾，伤寒者多。故于伤寒一门，传变之证，治疗之法，独加详焉。诚有以发仲景、东垣所未发，而为医学之筌蹄也。日本丹波氏加以评批，尤称精湛。

天行厥病论

日　谏山平甫著

《天行厥病论》一卷，日人谏山平甫著，为原稿未刻本。据著作所称：《内经》中之天行厥病，即为后人之风毒脚气之一种，所谓风毒脚气，又类霍乱证候。氏恐人之见疑加议，特为繁征博引，勤求古书，自正名以至对照，凡六十六候。然后及于治法，其治法之主旨，大概外用阏塞、温熨、芥泥、敷法等，内服术茱汤、甘草汤、竹石汤及生大黄等。后列节仓法、预防法。复附录该症未发候、初候、中候、末候、愈后五则，并及治法调养。虽其行文不无重复，要亦使读者易于深刻，临用不致贻误也。

名方类证医书大全

明·熊宗立著

日 井野宗瑞校刊

本书二十四卷，明·熊宗立编集。熊氏以《孙氏医方集成》及宣明拔萃诸方书，虽皆经历效验，有不待试而百发百中者，顾其分两欠明，证类混杂，翻阅诸多未便。因取前方类证归类，措方入条。复选集诸名方中有得奇效，而孙氏未尝采录者，约二千余方，总汇成编。自风、寒、暑、湿以次伤寒、疟痢诸杂症，至于妇女胎产、小儿各科，厘为二十四卷。各卷分门，各门附医论。又析类别，各类载方，方名之上，次序标记数目字，与目录互相贯通。开卷展读，提其纲领而节目分明。治病之时，审其证候，而方药备具。既无检阅之繁，又免狐疑之患，可为临证秘典读之。

类证辨异全九集

明·月湖著

日 田泽仲舒校刊

《类证辨异全九集》四卷，或名《月湖全九集》，简称《全九集》，明钱塘僧人月湖撰。月湖僧原籍日本，佚其姓氏，明季西游来华，流寓钱塘。精东垣、丹溪之学，医名闻海内，于景泰三年（公历1452年）著刻本书。考彼时日人之游我国者甚众，景泰时去李、朱未远，我国适盛行其学说，月湖或得及丹溪门人之再传欤。然本书明史《艺文志》无录，日人支山人曾携归东瀛，故《启迪集》屡引之。按我明万历年间，其时日本皇汉医学值衰退复兴盛行后世医学派之际，咸推《启迪集》之作者曲直濑正庆为宗。正庆为月湖之再传弟子，是则日本之后世医学派，当均系渊源于月湖。而月湖之本书，亦可称为日本皇汉医学后世医学派之祖书矣。卷一为类证辨异五十四门。卷二为日用药味七十七种，及药物调剂配合法。卷三诊脉禁忌及针灸。卷四为类证治方共五百四十五道。因本书大致详于辨证，辨证既精，当为上工。《内经》曰：上工者十全其九，故名类证辨异全九集。夫如是不特研究金元李朱学派者所当读之书，抑亦治医者均所当知之学也。

番沙新说

日 大村宽子简著

《番沙新说》一卷，一名《虎狼痢治要》，日本大村子简氏著。番沙之名，见于《张氏医通》，谓斯症起于番外沙故名，即今之霍乱是也。大村子简氏以张氏所论治法，尚欠圆备，因著新说。彼时适值西洋医学盛行于日本，故篇后附以英医合信氏内科医书霍乱条摘要。全书四篇，首总论，次论病因及证候，再次治法总括，末为方法略则。治法与方法门中，间采西药为辅，亦取长补短之意也。

治痢经验

日 平安滕懿之著

《治痢经验》一卷，日人加滕玄顺氏著。氏号笃斋，又名懿之，日本京师人。其治痢宗张景岳以补为先，与普通治痢以泻法为初治者不同。本书即取《景岳全书》中之《治痢神书》，参以经验及诸家方论而成。后附小儿治痢要法及小儿纯阴论。又录诸家《人参考》一篇。其用药大概温补，意谓胃弱阳虚，而因寒伤脏者多，若再用寒凉，或妄加荡涤，鲜有不死者，自亦具有至理。但痢疾或有胃强阳盛、因湿成热者，有食滞为患者，亦不限此。篇中虽有提述，难免偏于主观，学者宜与他书互参。

治瘟编

日 浅田惟常识此著

《治瘟编》一卷，日人栗园浅田氏著。氏以日本文政壬午（公历1822年）及安政戊午（公历1858年）大疫流行，以诊治数百人之经验，写为本书。卷首总论，论述彼时瘟疫与我国明末流行瘟疫之异同。次为证治篇，谓其现状，虽与霍乱、中恶、湿温诸证类似，而不宜投以参附雄麝或发汗、渗利之剂。如以为青筋、番沙、瘴疠之毒，施放血、打脓、灌洗之术则百无一生。氏以斯证初起，宜速去其火止其燎，使胃气安和不难即愈。若时久胃气随泻而尽，气尽则阳衰，阳衰则寒从中生，自宜回阳温寒之策，所谓“寒者温之”是也。后列治案三十余则，记其疑似证候、急救用药，足为治瘟之法则。其后附有读古列亚病论及续录补篇，间参西说。补编后又有考证文一篇，采摘《医学实在易》及《医林改错》中所记者，为之参证。末附巴豆考，论巴豆之治疫，在体气壮实者用之，见效自捷。若不审虚实，一概投用，贻误匪浅。所论既有学理，亦多经验，足称治瘟之导师。

博济堂脚气提要

日 浅田惟常识此纂

本书一卷，日人栗园浅田氏删订，博济堂脚气病院全体医士纂辑。考日本博济堂脚气病院，创于明治十一年（公历 1877 年）六月，专门收疗各种脚气，未及一年，获治者已达数百人。氏等鉴于脚气病之多，特取院中治疗之轨范，揭其简明证候，附以经验治法，故名《脚气提要》。除论其异名、病理、治法，分二十六篇外，复以脚气证候综为九门。其方剂如桂枝加术苓附汤之治脚弱缓风；莎草、红花、槟榔之名三灵汤，以治脚气呕吐兼蛔，或诸药不止者；犀角、角石、槟榔之名三镇散，以治脚气冲心；鹿角、白术、防已、蘗皮之名健步丸等，皆为我国载籍所无者，亦即为该院特有之经验秘方是也。

奇效医述

明·聂久吾著

日 名家校刊

本书上下两卷，为明·聂久吾氏记述治效奇病之验案。凡四十三则，以妇人、小儿病居多。病情、治法、药方俱备，可以对勘。其自序曰：凡病有易治者，皆求治于时医，不求余治也。其有病危难治，时医束手者，然后求救于予。余不计其危而治之，十尝活其八九。与寻常功用不同，此其所以奇也。聂氏自语如是，则本书之记述，洵足为临床医家之大助矣。

医门摘要

日 大原先安平义方著

《医门摘要》五卷，日人大原先安著。大原氏尝谓：医有正统异端之分，善通《素》《难》，善达经验者曰正统；不通《素》《难》，不达经验者曰异端。异端起，则专尚方药，或托师传、或托神佛扇惑生民者，不可枚举矣。氏欲以其经验所得，评注《素》《难》，冀排异端而归正统。然以桑榆景迫，势力日衰，仅摘《素》《难》中之日用者，论述成本书。卷一为诊脉及命门、三焦、精神、血气、荣卫诸说。卷二为气运历法。卷三为经穴之部位。卷四为度量衡之考正。卷五为杂论。全书计共二十九篇，于考证处，引征繁博，不厌求详；于排斥处，严词立论，不稍假借。若非读书富有心得，涉世甚深而多经验者，曷克臻此。

外科百效全书

明·龚居中纂
日 伏水见道斋校

《外科百效全书》六卷，明·龚应圆著。卷一为痈疽之总论、脉法、辨正与一切治疗应知之常识。卷二脑头部之各症。卷三胸腹部背腰臀腿部之各症。卷四手足及遍身皆有之各症。卷五杂症。卷六急救中毒及虫兽咬伤部。全书不驳不杂，外科之治，莫不俱备。而本书流传东瀛，复经日人伏水见道斋郎光显校正，尤见名贵。

折肱要诀

日 加古良玄著

医有十三科，而正骨其一科也。正骨之分，始于赵宋，见于《圣济总录》。至明改称接骨，见于《证治准绳》。而正骨接骨之术有三，曰手法、曰裹帘、曰器械。手法则有清《医宗金鉴》载摸、接、端、提、按、摩、推、拿之八法。若器械、裹帘，未见有专著也。日人加古良玄氏，本有世传之手法，复屡解极刑人之尸体，检审骨节接属之度，筋脉连络之处，详细研究，恍然有得。于是增益手法，次制裹帘，又制器械，应用诸伤，得以左右逢源。乃以其经验，编著本书五卷。卷一为手法、器械之总论，骨骼筋肉之生理等。卷二卷三并为诸法图解。计手法、器械诸图约百余幅，各有名称，各有说明。卷四卷五为药方，亦皆分症附列。读本书者，苟能按图实习，熟思冥玩，临症必能得心应手，洵为正骨科之秘籍也。

霉疮证治秘录

日 冠峰橘尚贤著

《霉疮证治秘录》二卷，日人冠峰橘尚贤著。内详霉疮之原委，及其变病坏病之治法。治霉之药，向以轻粉为主要，盖即近世之水银疗法也。而论者谓其有剧毒，不宜轻用。本书驳轻粉遗毒说，论轻粉为医者过用之误，非轻粉本药之非，言简意赅，确系经验之语。尤奇者，该书各种治法，能参通仲圣治内病之理。有表病、里病、表里合病之分，随证用药，且附验案。查中医治霉，明以前无专著。自明·陈司成撰《霉疮秘录》后，各疡科书中始见另辟专门。而《霉疮秘录》，又以年远散佚。幸光绪乙酉苏州浦氏得之日本重刊。此外更有日人片仓元周所撰之《理霉新书》一卷。与《理霉新书》合刻，并此可谓治霉专书之鼎足三矣。

评训霉疮秘录

明·陈司成著

日　和气惟亨等评训

霉疮为梅毒之旧称，古无是病。俞弁《续医说》萆薢条曰：弘治末年（公历 1505 年）民间患恶疮，自广东人始，吴人不识，呼为广疮。又以其形似，谓为杨梅疮，则梅毒之发现，当以此时也。《石山医案》载有杨梅疮之病历五例，是为梅毒治疗有文献纪述之始。若《霉疮秘录》者，可谓梅毒专著之创作。著者陈司成，字九韶，浙之海宁人，以二十年之经验，记述该书二卷（时为崇祯壬申，公历 1632 年）。内分五门，计总例七则，或问二十四则，治验二十九则，方法四十九条，宜忌十九条。按经设治，因证立方，开梅毒诊治之先河。该书后传东瀛，复有日人和气惟亨为之眉批评校，门人村上图基加以傍训，阐解透彻，益见精详。本书即为惟亨氏评较本，故为之选入本集。

古今精选眼科方筌

日　中目樗山道珣著

《古今精选眼科方筌》，日人中目樗山氏著。中目氏在大阪行医，专业眼科，颇负盛名。善用针，其针白内障也，一针而晦瞑之中稍得微白，再针而万类现形，运针之神效，有如此者。氏曾著《目病真论》四卷，专详目病之疗法及针术。本书上卷列外障眼病名凡四十七症，外障各症外用经验方凡四十有八，内用汤液丸散九十方，又搐鼻诱嚏四方。下卷列内障眼病名凡二十七症，药方六十四道，间有三数西药方，末附单方药数十味。全书引用中日著名医籍，有六十余种之多。统观该书之方选，以适合证候实用为目的，未见五行五轮八廓之臆说，为眼科实用之良方书。据金井堂所刻书目中，中目氏之已刻未刻眼科著述，尚有《眼科真宝》一卷《眼科摘要》一卷、《眼病疗治杂话》一卷、《眼科锦囊正误》一卷及《中目本草》二卷，必多精论也。

产　航

日　饫肥桑原惟亲敬夫著

《产航》二卷，日人桑原惟亲氏著。氏姓营，字敬夫，为饫肥著名之妇科医家。所有胎产之心得经验，已略记于本书。上卷为胎前与临产各论十四篇。下卷为产后诸症十六篇。至于候孕之准确术、妊娠或临产溲闭之导尿术、整胎术、临产坐草术、坐产术、倒生抒转术、举挛术、诸难产手术，以及产后痫痉挽救术、崩血止遏术、脱宫脱肛收敛术，虽仅皆寥寥数句，如能优游琢磨，举而行之，则字字明珠，语语金丹矣。惟亲氏自识其例言曰：倘此书草草看过，束诸高阁，更不留意，则此一部《产航》，全属画饼。读是书者，幸勿忽诸也。

产　经

唐·时贤等撰
日人精校

《产经》二卷，精抄本，题唐翰林学士赐紫金鱼袋时贤撰，不著姓氏。据宋嘉定元年（戊辰，公历 1208 年）寿沙郑汝明跋称："施本二十一论，乃大观间（公历 1107 至 1110 年）郭稽中集，不知何许人作。至绍兴辛亥（公历 1131 年）锓版印施，屡试神验。……近再得状元王公容保《安产经》二十一论，墨本所序。生育乃人道之本，正性命保太和，皆聚此书。又曰衡阳宋居士云：旧日三岳《产经》，湖南漕使陈公传良亲跋于后。二公实今名贤钜卿，尚留意于此方，时人可不敬哉。汝明仅并《三因方》再请明医参订添补备急累验奇方，将前施本细验分铢注入。辨真伪，论制度，重新刊换。”是本书流传至今，已有千余年之历史。上卷为胎前十八证。下卷为产后二十一证。每证皆设为问答体，并附主方。又郑氏新增杨子建十产论、转女为男法及产前产后杂方十六首等。简明切用，又经日人校刊，实为妇科胎产稀有之古籍也。

痘疮医筌

日 黑泽松益著

《痘疮医筌》一卷，日人黑泽松益著。首论痘疮受病之源，及痘疮字议。次列痘疮之诊断，凡发热、起疮、灌脓、收靥、落痂、死证等，靡不简明。其用药之法，发热则用升麻汤、丝瓜汤、十神解毒汤等以解毒；虚用加减益气汤；热毒炽甚，用调胃承气、白虎清热解毒、三黄解毒退毒、凉膈等；起胀则用排脓汤、消毒饮等；应用参归鹿茸汤、千金内托散、参芪实表汤、加减托里汤等；收靥则用百补汤、大补汤、拨翳汤等。后附医案六条，于发热、灌浆险例之救治，叙述颇见清晰。

幼科百效全书

明·龚居中著

日本校刊

《幼科百效全书》，一名《保幼全书》，三卷，明·龚应圆著。卷上为小儿病之诊断，及各种经穴图论三十七篇。卷中为小儿各种杂症五十九候。卷下为诸方总录，计一百首，并附治验医案。其名百效者，治一病有一效，治百病有百效之谓也。中国极少流传，诚秘笈也。

全幼心鉴

明·寇平著

日 吉田长庵补辑

《全幼心鉴》，明太医院寇平著。寇氏字衡美，专儿科，学宗钱氏，出入诸家，选古方之效于今日者，汇为《全幼心鉴》。前列察病之法，后具用药方名。凡五脏、血气、寿夭之论，初诞、变蒸护养之法，察面色，辨虎口，诊脉视证，投药、灼艾之术，乃至医士平生之劝戒，莫不具载而兼备。原书十六卷，而医藏目录所载仅四卷。日本吉田长庵，以该书在中华互有详略，且因日久而字画漫灭，舛谬不鲜，特汇集数部，细加校雠，质补缺误，而成本书。于保婴之道，可谓无遗憾矣。

增补保赤全书

明·管橓编

日 弘前医官涩江评

《保赤全书》二卷，痘疹之专书也。上卷论痘之证治九十二篇。下卷为妇女出痘及麻疹、水痘之症治。全书治痘药方凡三百五十二则，治痘合用药性共一百六十八味。明庠生管橓编辑。世传是书有二种，一为龚氏本，题医生龚居中增补，吴文炳校正；一为李氏本，题为医生李时中增补，施文举校正。龚氏本市上易见，若李氏本则见者盖寡。本书为李氏原本，以龚本互勘，则本书无论序目以至原文，皆较龚本为完备也。经日人弘前医官涩江氏批校珍藏，更为名贵。

古方通览

日 佐藤正昭纂

《古方通览》一卷，日人佐藤正昭纂辑。佐藤氏以东洞翁《类聚方》之取舍由己，而多所省略，不足以览古方之全本。融氏古方，则区别亦卤莽多谬，因纂次本书。凡《伤寒》、《金匮》、《千金》、《外台》之大小方剂，无不尽收。而《玉函》宋版之文字异同，亦经详考。每条且皆揭出篇目，诚方剂考古之善本也。原书讹字，详加校正，可谓完备之本也。

晋唐名医方选

日 喜多直宽士栗辑

《晋唐名医方选》十卷，日人直宽士栗辑。采西晋以迄隋唐之名医方，凡一千七百余则。其分门之法，一遵《金匮要略》。至于今世盛行之蜞针发泡、鹤虱芥泥诸法，本集皆已选载，盖亦昉于晋唐方籍中也。所引据之书目，有《医心方》、《医略抄》、《鬼遗方》、《治疾方》、《产宝》、《食医心鉴》、《证类本草》及《千金》、《外台》等十余部。其选方无有过十味者，若《千金》中有数十味之复方，或以乌、附、钟、礜之属酒服，氏均目为道家徒饰卷轴以炫世，非经试验者，而为理之所或无，皆已从删。故后之欲研究中国医方学者，将必以此书为准绳也。全书皆为丹波元简评增，故得称名贵之本。

真本千金方

唐・孙思邈原本

日 松本扑郎摹

本书为唐・孙思邈原本，日本丹波氏聿修堂收藏，松本氏摹刻。丹波氏《经籍访古志》，记此本取原于正和四年，嗣成手抄本，校以建治三年仲景写本者。详考数跋，是永正以后天正以前人所抄也。其体式文字与宋人校本不同，而与《医心方》所引合，即古时遣唐之使所赍归者。恨所存仅一卷，然亦足以窥真人之真面目，可称希世之宝籙矣。天保壬辰，江户松本幸彦影摹行世云。据此则本书之名贵可知，爰为照书景印，以公考古同道。夫礼失求诸野，本书原为吾国秘笈，久为他邦所得而宝之，绍兴裘氏仍从他邦购归，书成之日，想为读者同庆璧还也。

是斋百一选方

宋·王璆撰

日 千田庵子敬校

《是斋百一选方》十二卷，系日本宽政己未，千田子敬借西京荻典药子元所藏元版重雕者也。考朱彝尊《曝书亭集》有是书跋云："百一选方，不书撰人姓氏，题曰是斋，按陈氏书录解题曰，是山阴王璆孟玉所辑。凡三十卷，宋《艺文志》作二十八卷。予家所藏，乃元人锓本。按其目仅二十卷尔，殆经后人选择者欤。"然据丹波元简氏序谓："是书分门三十有一，录方一千有余。条列井井甚备，则未可遽据解题，及宋志所载卷数，而斥为非王氏原帙。"其名为百一选方者，盖即百方中选择一方之谓。每方皆有来历，尤为精审。又据宋·陈造《江湖长翁集》有百一方题言称：“王氏名璆，字孟玉，是斋其号。山阴人，绍熙中仕为汉阳史，斯书裒集十九年始成。”又天台章揖序称：“是斋王史君璆，守古沔阳，公余裒集始就。”盖其人非医，效陆忠宣忠州之录者，亦难能可贵矣。

医方考绳愆

明·吴昆著

日 友松绳愆评正

明万历十二年（公历 1584 年）古歙吴昆辑刻古名医方凡七百余首，揆之于经书，酌之以心见，编为六卷，颇多发微之论。而日人友松子发见该书于古方之药味有误写者，于考方之义有未当者，特摘其谬误处，加以评正，而成《医方考绳愆》六卷。绳者纠正也，愆者差错也，表示本书为纠正《医方考》之差错也。全书凡七十二门，较《医方考》原书补遗燥症一门。论文采自喻嘉言之说为多，洵名作也。

御药院方

元·御制

日 法眼千贺芳久校印

御药院昉于宋，即唐以前之尚药房，清廷之内药房是也。李焘《续资治通鉴长编》："御药院掌按验秘方，和剂药品，以进御，及供奉之用。至道三年（宋太宗三年，丁酉，公历 997 年）始置。以入内供奉官三人掌之，或参用士人。"金元因之。本书之御药院方，系元太宗朝诸医官所搜集。按翰林学士高鸣序云：太医提点荣禄许公（国桢）暨二三僚友，取御药院壬寅所刊方书版，正其讹，补其缺，求其遗亡而附益之。考壬寅为元太宗十四年（即元太宗后听政元年，时正史属宋淳佑二年，公历 1242 年）。而徐东皋于《古今医统》引此书方药，谓为宋太宗朝无名氏辑，非也，丹波元简跋文所见甚是。本书原版刻于至元丁卯（宋咸淳三年，公历 1267 年），至今在中土已无可复觅，故各家书目中未见。本书原藏者裘君，由日本购得。据书后所记《御药院方》十一卷，仿乾隆聚珍之式，印二百五十部，以广其传。夫二百五十部书，散处各方，所见自鲜矣。书凡十一卷。卷一治风药门八十九方。卷二治伤寒门四十七方。卷三卷四治一切气门一百六十二方。卷五治痰饮门一百零四方。卷六虚损门一百零九方。卷七积热门二十二方。卷八治杂病门一百二十五方。卷九治咽喉口齿门一百四十四方。卷十治眼目门三十九方，洗面药门二十五方，治疮肿伤折正骨门五十七方。卷十一治妇人诸疾门三十五方，治小儿诸疾门九十六方。共计一千零八十五方，皆辑自宋末金元者。丹波元简氏谓为宝架中不可欠之书，其名贵可知。

金镜内台方议

明·许道宗著

日人校刻

本书十二卷，作者许弘，字道宗，明建安人，业儒而隐于医，奇证异疾，医之辄效。此作乃取《伤寒论》全方，逐一附以议论，阐发制方之义。意较微者，复设问难以明之。并集论中各方应用之证，以及禁戒与药后诸变，亦详列论后。颜曰：《金镜内台方议》。说宗成氏无已，而议论详澈周密，发明甚多，诚研究经方之妙典也。然国内原书未传，兹系搜自东国，乃日人丹波廉夫所藏。由其嗣绍翁得父执千田氏及友之襄助而刊行者，洵可宝也。

古今方汇

日 甲健斋编刊

本集为日本西京甲健斋所校刻、汇集之方。自《伤寒》、《金匮》、《千金》、《外台》以迄明代医家所刻著名方书，凡六十余种。分内、女、儿、外为四科，细目都一百三十余门，集方约一千数百道，后附药性歌、诸病主药、药性分剂、诸疾要方等。颇便检读，是一部医方辞典也，医家病家，皆宜人手一编。

类聚方集览标注

日 雉间焕子炳标注

《类聚方》者，日人吉益东洞所著。东洞氏又另著有《方极》。二书皆祖述仲景之方。雉间焕取二书集为一处，加以标注，共计医方二百十六道。所集颇便检阅，洵医家病家咸宜备用之书也。

易简方

宋·王德肤著

日 浅井南皋校正

日 惟亨氏标记

《易简方》一卷，宋王硕著，王氏字德肤，永嘉人。慨于世传方书之多，病证之杂，欲以某方治某病，必须从证从脉。如头疼发热，感冒也。不知脉浮盛而恶风自汗者，属伤风，治法当用桂枝。若其脉紧盛恶寒无汗者则为伤寒，治法当用麻黄。风寒俱感，则宜两药兼用。倘脉之不察，证之莫辨，投伤寒以桂枝，投伤风以麻黄，用药一误，祸不旋踵矣。因苦心孤诣，选常用之方剂而可以外候兼用者，凡三十首，及丸药十种，各有增损以为附方，并详释义于篇。如症异而证同者，皆可用以疗治。除虚损、癫痫、劳瘵、癥瘕诸慢性疾患外，仓猝之病，易疗之疾，靡不悉具，洵为方书之上乘也。而本书流传东瀛，复经日人浅井南皋氏校订、和气朝臣惟亨氏标记，益臻善美矣。

续易简方论

宋·施政卿撰

日 张氏维直校订

宋·王德肤既著《易简方》三十首，时喜其便于寻检，而盛行于世。其同里施政卿，复有《易简方论》六卷之作，引脉论证，温言讽刺，颇不怿王氏以少数之方药，而该众病也。故其立论之旨，显与王氏仅用以为普通人所检阅之良方书性质不同。然正以其不同之理论，足规王氏之过，且必有以补其不逮者。则已读《易简方》后，又不可无此以相参错。而本书复经日人张氏维直校订眉批，尤属难能可贵。

续易简方论后集

宋·卢祖常辑

日 张氏维直校订

宋·王德肤所著之《易简方》，仅有三十首，虽有附方增损，而医家视之，嫌其不能该众病，故或有不满人意者。是以孙志宁修补之，施政卿、卢祖常攻排之，徐若虚更有归一之作。今孙、徐之书，久已散佚，若施、卢二家，世亦罕知者，盖已流入东瀛久矣。本书五卷，为王氏同里人卢祖常所著。激词推鞠，较施氏之温言讽刺者为烈。读者苟能与王、施所著者相互考镜，以之施治诸病，亦可百无一失矣。书中间有缺误空白，因系日人从宋版原书影模者，虽经日人张氏惟直为之校订，而原缺已无法补正。然古本宝书，如鲁殿灵光，辞句之间，可以意度，亦不足病也。

上池秘录

日　西川子琏辑

《上池秘录》四编，分元亨利贞为四集，日人西川子琏辑。氏名瑚，又字元章，江州彦根人。好学善诗，精于医。初于安永丙申（公历 1776 年）编集本书一集，分大人、小儿、妇人、古方家、丸散方及膏方为四卷。皆系辑录诸家秘方禁方，或杂出僻书者，计一百六十八方。初编既出，大行于世，氏乃有续辑之志，随得随录。复于安永九年（公历 1780 年）梓行续编四卷，计二百二十方，未分门。迄文化乙亥（公历 1815 年）氏已逾古稀之年，更辑二百八十三方，以为三编。三编刊行，裨益良多，故求者不厌。旋于文政癸未（公历 1823 年）再辑第四编，计二百九十一方。全书共计九百五十九方，皆系私家秘传，或古书递传之经验有效者。每集皆有序跋，若宫田明、野公台、丹波元坚等均有题文，所著自颇名贵。

方极附言

日 岩渊在冲任令著

日人岩渊在冲，为东洞吉翁之高弟。在江户涩谷行医数十载。知其师所著之《方极》，笔误之处颇多，遂补正之，名曰《方极附言》。时岩渊氏年七十三以寿殁焉。氏有男先卒，门人或归于乡里，或归于黄泉者，故由其友人须加秀为之校定以行世。读《伤寒论》者，辅读《方极》以为指津。读《方极》者，必须读本书以为之参证焉。

订补众方规矩大全

日 南川道竹撰

日人南川道竹，以众方规矩，仅为日用之一百二十方，脉证治因不备，方意亦不详，乃为之增补。分病门、益药方，并采叔和及诸贤之要论以为脉论病论。凡旧编之衍文脱语、芩苓杜牡之字误，皆为之校订，故名《订补众方规矩大全》。共八卷，后附首卷一卷，列凡例、汤丸、膏散等说明，较原本精详多多矣。

奇方撮要

日　金子杏庵辑

《奇方撮要》一卷，日人金子杏庵辑。采选中国自汉迄清之历代方书，撮其简验有效者，分为二十四门，共方六百则，每方皆列出处。据其自序曰：“奇方者何？非寻常套烂之方也。撮要者何？据于方书之萃，存其精要也。所选之方，皆其端的有经验者。分门比类，一览了然。”则是书有裨于检阅之便，不待赘言矣。

养寿院方函

日　东洋山胁辑录

《养寿院方函》一卷，日人东洋山胁氏手录，其门人为之辑次。旧为写本，脱误不一。蔼墩樱本俊策氏得二善本，细加校雠，刻而问世。考东洋氏为日本西京之名医，其施治也，主张仲景。著医则也，非古之书不讲，非古之术不行，曾校刻《外台秘要》。是书所录之方，皆为氏日常所用经验之方，凡一百三十八道，附录七十七道。其中间有出于东洋氏之后者，乃其门人取师意所补续。除附录之方缺其原出之标注外，每方必记其出处。自唐宋以降，以及田舍间所传之效方，撮抄收录，整有条理。又校刻者樱本氏，笃学高志，平生非古贤之书，一切皆屏弃之。而独孳孳校斯书，则书之博涉精拣，有裨实用，可以概见也。

本朝水肿方

日 木下建臧著

《本朝水肿方》一卷，日人木下建臧辑。共五十八则，皆系流传于东瀛之水肿经验方，大概采自《千金》《外台》书中。其药方以赤小豆、商陆、泽泻、茯苓为主者最多，或加大黄、冬葵、地肤、桑皮、麦芽、木通、甘遂、牵牛之利剂，或加当归、香附、沉香、琥珀之行气和血。夫水肿之治，本有三法，或排水自毛孔出，或导水自小便出，或逐水从大便出。而本书用麻黄发汗者仅二方，用大黄缓下为佐者有五方，余皆为行水剂，从知水肿以利溺为要着也。

景印医心方

日 宿弥康赖撰

《医心方》三十卷，日本宿弥康赖撰。此书原本字体有结构奇古，与金石遗文相印契者；有笔画遒劲，直逼晋唐法书者；格式则严存隋唐旧帙。秘藏数百年，始于日本安政元年召命多纪元坚等校刊。考康赖氏之撰进是书，早在日本园融帝永观二年。旋于正亲町帝时，尝出以赐药头半井氏。保平以后，兵燹相踵，是书在若存若亡之间。宽政初，日皇召命元坚氏曾祖元德，使以仁和王府所藏抄本誊写，储之医学，当时称为希覯。顾其书残脱居半，学者仍以不得窥其全豹为憾。嗣访知半井氏有斯书全佚，乃命元坚氏等十余人，以仁和寺本及隋唐间医书对勘校正，六更裘葛，甫告完成。首列札记，尾附背记，均为校补之菁华。每卷各为一类，下分子目。自治病大验，以讫食物，凡九百八十九门。除总论医治诸法与药物外，每门上载证候，下列药方，间亦附加案语。第二卷论针灸，则更有序文以开其端，盖著者为针博士，于针灸最深致意也。体例仿于《外台秘要》，而引据之博，立论之精，实有过之。且其所徵引之逸书遗典，史家所未及者有数十部，皆得依是书以观其概略。又古书之存于今日者，皆经宋人之校改，往往失其本来，得据此以纠正其讹谬，亦复不一而足. 。而栏外行间所注字书，如《玉篇》、《切韵》、《唐韵》之微，虽所采不多，亦足以窥汉唐以上训诂音韵之微。实为医学研究家暨文学考古家，不可不备之参考书。因其校勘之精详，字体影写之确切，一经重付排印，难免有失真相，兹特不惜工本，照相影印，庶存古书之本来面目。

校正金兰方

日　菅原岑嗣等辑

《校正金兰方》五十卷，原缺第四卷至第七卷及二十四卷至五十卷。该书远撰于日本贞观十年，日人菅原岑嗣、物部广泉、当麻鸭继、大神庸主等奉敕撰集，距今已历一千数百载。原缺已久，杳不可补。所幸治法尚存，故于文政七年（公历 1824 年）大江广彦氏乃出其家藏不全本校刊行世。卷一为序例及著者小传方篇目录。卷二为调进药方。卷三为养生式。卷八至二十三为疗用法。其方皆采自《外台》《千金》，及日本奇药而成。若诊察式、养生论，则祖述《素》《灵》。而其《素》《灵》亦与今世刊行者，间有异同。考日本之古医书仅存于今日者，有《大同类聚方》、《本草和名》、《医心方》、《医略钞》及本书五种而已。古本残书，所存无多，亦可贵也矣。

秘传证治类方

明·戴元礼著

日人校刻

《秘传证治类方》十二卷，明戴思恭辑。戴氏尝著《证治要诀》十二卷，是集盖取《证治要诀》中所引诸方，有汤、饮、散、丸、膏、丹六类，仍依该书分门列次，约计四百余方。大概采自《三因》、《得效》、《本事》、《活人》、《百一》、《易简》、《和剂》、《济生》诸方书。所选颇谨严合度。日人覆明刻本而重加精校者，前为扬州叶氏珍藏，后归裘氏。

医官玄稿

日 望三英著

《医官玄稿》三卷，日人鹿门山人望三英氏著。编次为九类。氏以《本草》为药石之初；《素问》为病机之初；《九灵》为针刺灸疗之初；和缓、扁鹊者，名医冠冕，其治验要妙既出于左氏司马，乃为医案之初；《难经》为问答之初；《甲乙》为删正之初；汤液虽起于伊尹，而《伤寒》为方法之初；《金匮》为方书之初；总此为原始类。《病源》是一家言，为独立之初，列为独立类。《脉经》《脉诀》，为诊视之初，列为诊视类。有术称神妙，而令闻籍甚者；虽无述著，其微言要语可为绳墨，如郭玉、华佗、徐文伯、姚僧垣、张文仲、许胤宗、庞安时等，为声誉类。若晋之《肘后方》、唐之《千金》《外台》方、宋之《圣济总录》、《局方》、《活人书》、《本事》、《三因》、《直指》、《易简》、《苏沈良方》等，为古方羽翼类。而以《小儿直诀》、《妇人良方》等附之。至于元明颇有类古者，为《世医得效方》、

《永类钤方》、《证治要诀类方》等，取附于尾，为拟古类。以《资生经》、《铜人腧穴》、《针灸图》为针刺类。如《漫记杂录》，无所附属者，为说类。金元之间，诸杰辈出，医风大变，别树旗鼓，邪说云兴，古道废弃，其弊延及于明。是洁古、河间，实为首恶。如张从政、罗知悌、朱彦修等，皆为从犯。其渊源派脉，却如佛家淄流，贵道统衣钵。故贬《宣明论》、《珍珠囊》、《脾胃论》、《儒门事亲》、《卫生实鉴》、《医垒元戎》、《格致余论》等为传灯类。其论舍博就约，正曲为直，庶后人于先贤古书，可以相其邪正，判其得失，不致盲从瞎读。是为医史学之一，亦有功于医界者也。

药方分量考

日 冈田静默著

本书二卷，日人冈田静默著。冈田氏以仲景集录上古之选方，著述《伤寒》《金匮》，垂教于后世，实为医方之祖。欲明其方意者，在正其分量，一物失铢分，则方之组织为之乱，故为之详考。卷上为《伤寒》《金匮》原分量之校正方，凡五十九首。辨历代医家考正古方分量之误一篇，辨秬黍一篇，辨汉唐度量币制一篇，辨汉唐秤一篇，又辨汉唐亩分二则，小柴胡汤斤升三则。卷下则纯为汉铢两准今称之计算，及辨考各药面积重量之大小高低，以合古今之分两。观其引征经史子集及历代币制，至为精细，实为研读《伤寒》《金匮》必要之参考书也。

续药方分量考

日 冈田静默著

冈田静默既撰《药方分量考》二卷，以其尚未详尽也，于翌年复续撰一卷。凡《伤寒》《金匮》药方之分量，皆考其版本之异同。并上溯《素》《灵》，下探诸家，以相较合，足补前集之未备。两书皆为日人名著，有裨于国医学匪浅，愿读者共珍焉。

医学辩害

日 宇治田云庵著

《医学辩害》十二卷，日本南纪弱山人宇治田氏著。氏字友春，因其先居杂贺宇治，故以为姓。慨于世之医家往往剽窃古方而为世传，辑录旧说而为家钞，未闻有一章一篇辩医道之害者。如《神农本经》、《黄帝内经》、秦越人《难经》、王叔和《脉经》，历代明医皆以此为宗。然其去古既远，难免有衍文错简，而后人或纵前吠声，或画蛇添足，是非得失，混杂莫明，后学多为所惑。乃著本书，都二十万言。卷一经书类十六论。卷二阴阳类九论。卷三五行类十六论。卷四脏腑类十七论。

卷五诊脉类十六论。卷六摄生类十八论。卷七气味（即饮食）类二十一论。卷八疾病类十七论。卷九病家类十七论。卷十医家类十四论。卷十一治法类十三论。卷十二药剂类十七论。凡有所惑，靡不辨正。且其辨正之次，发先哲所未发，足辟后学之茅塞，瘳世人之膏肓，有功于医道，诚非浅渺。而卷首之历代医家儒家，对于学说治疗之异端发明，依次索引，开卷了然，尤为难能可贵。

漫游杂记

日 独啸庵著

日人独啸庵氏，以漫游四方历十余年之经验，笔述《漫游杂记》二卷。其间琐言细事，无不涉于治术。惟其或论病理，或述证状，随笔杂记，无复次序，类如医活。所载治验案例数十则，时有出奇制胜，挽回不治之症者。下卷汇录内外各科验方六十余道，皆系漫游时所见闻之秘方禁方，试而尤验者。考独啸庵氏之姓为藤原，名凤，字朝阳，初称昌安，后改凤介，独啸庵其号也。长门丰浦宇部人，年二十一，受学于吐方学专家奥村翁，故别有《吐方考》之一卷传世。据伊姪滕元干隆昌氏序曰："先生名噪四方，诸侯多厚币重禄招之者，而并不应，遂以处士终，年才三十五。其所著，别有《吐方考》、《霉疮口诀》、《疳论》、《读伤寒论》、《葆光秘录》、诗文若干卷。盖先生平日属诗若文，未尝留稿，皆门人所集录。先生易箦之际，命门人尽焚弃之。所留仅有《漫游杂记》、《独啸囊语》及《吐方考》而已。”此盖自知三书为其一身菁华之寄托，足以传诵于后世也。三书中除《独啸囊语》为论述古君子处世之道五端，不涉于医外，本书之成，尤较《吐方考》为有价值。

扁鹊仓公列传

日 丹波元坚影宋本

本书之《扁鹊仓公列传》一卷，系日本嘉永二年（公历 1849 年）丹波元坚氏自米泽侯无世藏南宋建安黄善夫刊本，影摹校刊，以备讲习者。考史迁作《史记》，次扁鹊仓公列传第四十五。其自序曰：扁鹊言医为方者宗，后世修序不能易也。而仓公近之，史迁之识，可谓独高千古。而司马氏《索隐》，张氏《正义》，乃谓《扁鹊传》宜与日者、龟荚相接，是拘拘于史家方技汇传之例，而不知医之为道至大也。传中扁鹊治验凡三案，仓公验治凡二十一案，其论针艾、诊法、方药，叙死生之理，皆甚深奥微妙。直与轩岐《内经》，同一条贯。诚足为后世医人之法则也。

扁鹊仓公传汇考

日 丹波元简廉夫著

《史记》扁鹊仓公传，其文辞古奥深邃而不可以解者甚多。日人丹波元简氏即训诂文义，撰为《汇考》一卷。征考详博，足与司马氏之《索隐》、张氏之《正义》及滕氏《割解》并传。复经嗣君元胤氏之《增补》、元坚氏之《附按》，先后凡六十余载，始成本书。其缜密精审，盖可知矣。而卷末扁鹊仓公传叙述之真伪是非，辨证确切，尤为难能可贵。

影宋本扁鹊仓公传考异

日 江户堀川著

本书一卷，日人堀川济集著。所谓影宋本者，即指其师丹波元坚氏自米泽侯无世藏南宋建安黄善夫刊本影摹校刊者。堀川济氏集各种不同之《扁鹊仓公传》版本，如元刻彭寅翁本，明刻王延嚞本，明刊柯维熊本，明刻冯梦祯本，明刻凌稚隆评林本，明刻毛晋汲古阁十七史本，以及朝鲜本、日本活字本等十余种。摘其异同，校其正讹，其精详盖已无匹。后附《扁鹊传》备参，选自《列子》、《鹖冠子》、《战国策》、《韩诗外传》、《说苑》、《太平御览》等书所载者，或事迹各异，或文辞不同者，足备参考。

医　　辙

日　中川量平著

《医辙》一卷，日人石鹿中川氏著。全书为论文体裁。卷首为总论，述彼邦与中国、荷兰风土人事体质之不同，即疾病之患生亦各异。氏谓必须推翻古来之陈辙，而有新建树，即所谓不从汉医，不从荷兰医，而创立日本之新医学也。次论性质、病毒、病因。谓人之生理互有同异，辨别体质，为医家第一之急务。而病毒之深浅，基于体质之厚薄，非病毒有深浅也。其论病因，则有证因、病因之不同，亦有居处、职业之各异。再论诊察，无论望闻问切以及腹诊，必须潜心推识。治法篇谓治病在驱毒，驱毒不外自然、攻治二术，攻助顺逆，须各得其宜。药能篇，百药各有其能，各异其效，要之其用皆发泄也。以所发泄之异，而从别其名，为吐剂、下剂、汗剂、缓和剂等，不能以五味而推断也。方剂篇论药方不宜从古，须随化裁，分量制法，亦所在随宜。养生篇，论饮食之养，不可不审其性质。解藏篇论荷兰之解剖，只及其死状，而未能得其生机。末篇精神，论人体所具精神之奇妙。附录十余篇，为其门人所辑录者，皆氏之论医精华，及特创之呕吐、水肿、外疡等验方数则。观其所论述者，博引繁征，譬喻多端，启人智慧，创立新径。中西医过渡时代之我国，正需用是项论义，以为之参证也。

颐生辑要

日 竹田定直编

《颐生辑要》一书，为日本学者竹田定直受耆学贝原益轩之积集稿编次而成。全书都五卷，自个人修养以至敬老慈幼，莫不网罗尽备，为律己修身、顺时处世、养性立命之真诠宝筏。虽各篇采录，都摘自中土故籍，然撷集菁英，赅要不繁。尤贵能摈绝因果报应之说、鬼神荒诞之谈。力求事实循环之理，形追影随之证，以彰其立论。为研求修养之士辟正途，为妄谈导引之书放异彩，洵不可不读之妙籍也。

第六编　附　录

一、裘氏遗稿三篇

（本节所辑珍本医书提要三篇为裘吉生先生手撰，当年因战乱影响未及刊入丛书中。现按遗稿录存。）

医垒元戎

元·王好古著

王好古进之，号海藏，元赵州人。师李杲（见《此事难知》序）及张元素（见本书“活人败毒散”条下）。官本州教授兼提举管内医学。著有《医家大法》三卷、《此事难知》二卷、《汤液本草》三卷、《仲景详辨》、《阴证略例》、《活人节要歌》、《斑疹论》、《光明论》、《标本论》、《伤寒辨惑论》、《钱氏补遗》等及《医垒元戎》十二卷。其《医垒元戎》自跋云：“书已成于辛卯（公历1291年）。至丁酉春（1297年）为人窃取之，原稿已绝，更无存本。予职州庠，杜门养拙，齑盐之暇，无可用心。想像始终，十得七八，试书首尾，仅得复完。”前有自序，亦题丁酉岁。盖初成于金末，而重辑于元初者也。书以十二经为纲，首以《伤寒》，附以杂证，而参以东垣易水之法，亦颇采用《和剂局方》。原刻于明嘉靖二十二年癸卯（公历1543年）。明万历癸巳重刻，至今已四百年。若东垣十书所刊者为吴勉学节录，好古自撰心法集，为一卷，并非全集。

痘疹碎金赋

明·万全著

《痘疹碎金赋》二卷，明·万全撰。万氏于嘉靖丙午撰此痘疹赋西江月，原为课子之作。卷上二十九篇，卷下八篇，凡痘疹之顺逆诸证治，无不简赅兼备。嗣因交相传录者，剽窃为己作，刻版梓行。万氏见后，于隆庆戊辰加以改正，以补初草时之罅漏，而改名为《痘疹碎金赋》。

何氏医案

清·何元长著

《何氏医案》二卷，云深居士所枕藏。上卷为何元长方案，下卷为何书田方案，共有三十八类，约计八百余案。考青浦北簳山何氏，世业内科医，上世如中台、嗣宗、铁山诸公，皆声闻江左。说者谓何氏业医，上应天谗，故能成名。虽为迷信妄诞之论，要亦家学渊源之所自也。元长名世仁，善望闻之术，治病应手辄效，负盛名三十余年。其处方参错古今，不专一家。据《明斋小识》所载：谓何氏曾著《治病要言》四卷、《医案》二十四卷。嗣君其伟之未付梓云。惜哉！下卷之书田方案，即为元长之子，名其伟者，初为诸生，专学工诗。因元长卒而继其业医，名更著。尝以医学譬诸作文，辞曰："治病与作文，其道本一贯。病者文之题，切脉腠理见。见脉无游移，方成贵果断。某经用某药，一味不可乱。心灵则手敏，法熟用益便。随证有新获，岂为证所难。不见古文家，万篇局万变。"此数语亦可占元长之所学矣。又著《医学妙谛》二卷，《绍兴医药学报》社出版，读者皆称道之。本书既为何氏父子之医案，自多何氏之菁华。如元长之案皆简短老练，书田之案多吉凶预后，而用药则崇古方而不峻烈，合时方而不空泛。于是知何氏之克享盛名，亦非偶然矣。

二、裘氏灸治法

裘氏灸治法荟萃多年经验，备药殊异，灸法独特，疗效显著。兹简介如下：

灸药制法：取雄黄、雌黄、川乌、草乌、公丁香、母丁香、羌活、独活、威灵仙、全蝎各三钱，蜈蚣五条。以上十一味共研细末，加入麝香五厘。先以精硫黄一两放入铜器内置于火上，待硫黄溶化后加入各药药末，拌和使匀，即离火待冷凝成饼状，然后碎成如黄豆大药块，贮于磁制器皿或有色玻瓶内备用（不使泄气）。

艾团：用陈年艾绒（越陈越好）制成，亦如黄豆大小。

灸法：以鲜姜直切为薄片（透明为度），用纸吸去姜片水分后铺于穴位上。先以药块置于姜片上，隔姜片灸之，正反两面共灸十四壮。再以艾团置于姜片上，隔姜片灸七壮。灸处起水浆泡，不可刺破，待其自行吸收落痂。灸后男女应忌房事一百二十天。

适应证：肺痨、胃病、肾病等慢性疾患。

取穴：肺痨取肺俞、肾俞、膏肓，左右共六穴，或加天门穴亦可。

胃病取上脘、中脘、期门。

肾病取肾俞、章门、命门。

取穴法：以男左女右，中指弯曲后，中节内侧两端横纹距离为一寸（人体高矮不等，身寸不能用尺衡量）。穴位取好后用有颜色水点以标明，置姜片于上施灸即可。

三、《珍本医书集成》秦序

（本文系近现代医家秦伯未先生为《珍本医书集成》所作的序。文中阐述了丛书的意义和发展，肯定了刊行珍本医书之举，并提出了“欲救中医，先当尊重医德，次当普及医育。”秦伯未（1901～1970），沪上名医，曾执教于中国医学院和新中国医学院，著有《内经类证》、《清代名医医案精华》、《中医入门》、《谦斋医学讲稿》等。）

丛书之刻，有数善焉。采撷菁华，删除芜杂。不拘一家，掩有众长。矧乎医学，尤多秘笈，不有合璧，奚资借镜乎？尝考丛书之称，昉于唐·陆龟蒙诗文集之署笠泽丛书。丛书之实，肇自宋·俞鼎孙之集石林燕语辨七种为儒学警悟。若在医林，则唐《千金方》之散录龙宫药方三十首，《外台》之述用古书方数千百卷，早具丛书之实际。而金元四氏，各富著述。迨明·肯堂六科，士材三书，迄清·徐大椿、黄元御、陈念祖、沈金鳌、陆懋修辈，丛书之出日众。然多融会众说，仍同专集，未有聚各家之精英，蔚为医学之大成者也。仆于七年前因有古本医学丛书之辑，就精刻本之失传者，影印二集。苦庋藏有限，见闻又隘，不能穷泄昔贤之秘，辄引为憾。迩者裘君吉生有编辑《珍本医书集成》之举，都若千种，视吾书逾十倍，而名贵不可值计。不仅为吾道庆获玮宝，亦私喜所见有略同焉。君藏书綦富，名重东南。仆尝趋访于武林寓次，大屋十余间，盈室皆古今典籍，几无立足地。退而坐谈，初沉默不欲语，既而侃侃不能抑。盖有志于医，而医人之外，且欲医医，复欲复兴整个中医于衰颓之中，乃环视国人，瞌睡未醒，无可与语者，所谓伤心人别有怀抱者也。继因全国医联会，相逅于沪渎。再因中央国医馆，把晤于白下。风尘奔走，双鬓渐斑，而豪气不逊畴昔。忆会议时有各执意见，相持至烈，君责以正义，至痛哭流涕，众人咸为感动息争。呜呼，仆奔走医事一十六载，何幸而获与君交，抑何吾道中如君之不多觏也。仆尝谓欲救中医，先当尊重医德，次当普及医育。盖意气用事，攻讦相毁，凡阋墙之事，杂出于中医。智识浅近，思想简陋，凡不学无术之流，亦杂出于中医。不以道德救其心，不以文化救其疏，而欲起中医于危亡，必不可得。及窥君志，不谋暗合，是则本书之辑，君之大愿，倘得偿其半矣。杀青有日，索言于仆，即拉杂写应，不敢以谀词进，君其心许乎。

中华民国二十五年六月上海秦伯未书于谦庐

四、《珍本医书集成》陆序

（本文系近现代医家陆渊雷先生为《珍本医书集成》所作的序。文中提出："中西虽殊，理无二致。凡中医经效方术，必暗合科学。"陆渊雷（1894～1955），少治经学，后业中医。曾执教于上海中医专门学校、上海中国医学院。曾任中央国医馆学术整理委员会委员、上海市中医学会主任委员、上海中医学院筹备委员会主任委员。著有《伤寒论今释》、《金匮要略今释》、《陆氏论医集》等。）

医学扇宋儒阴阳河洛之遗风，推五行运气以为说，千年来莫能自拔。科学既兴，人尚物质，其视中医，固已荒唐悠谬，无异江湖术士之眩鬻欺人矣。益以西医竞进，此唱彼和，而中医之学术岌岌乎不保朝暮矣。然市上新刊中医药书，若新著，若旧籍，如雨后笋，如过江鲫，不可胜数。至有特辟肆以专鬻中医书者，岂毁者自毁而宝者自宝欤。余少壮以后，弃教读而业医，以为中西虽殊，理无二致。凡中医经效方术，必暗合科学，特久蘊于五行运气之中，无以自显耳。于是参互考索，以观其通，有所得则笔之，不善韬晦，随时刊布。一篇乍出，毁誉纷来。毁之者以为骛新忘本，誉之者以为披荆棘得大道。且谓老马有识途之智，有新出医书，必驰书强其评骘，以决去取。世界书局新刊《珍本医书集成》，宣扬既广，询者益众。夫古今医籍，汗牛充栋，岂能尽读知其优劣？新刊未出之书，又岂能尽得其稿而先读焉？无已，则视其编撰之人乎。子舆氏有言："读其书，不可不知其人。"《珍本医书集成》，绍兴裘吉生先生选辑。民十七，卫生部有不利中医之议，中医集议上海，谋自救，旋入京请愿。裘先生与于代表之列，有贵要招代表治病，意将以验中医之实效也。诸代表咸推裘先生，先生为诊治，应手立愈。先生家藏医书极多，以为虽甚简陋，必有一长可取，无堪覆瓿者。乃择罕见者，以活字版刊行，号《三三医书》。凡三集，都九十九种，久而弥见重于世。余与先生，齿异行，居异地，又不常通书邮，所知于先生者，仅此而止，然已足见先生之富学识经验矣。其人如此，其书可知。以视彼无知妄作，盗窃欺世者，岂可同年而语哉。友人驰书索序，遂举其所以答函询者归之。

丙子三月后学陆彭年渊雷拜序

五、《珍本医书集成续编》汤序

（本文系近现代医家汤士彦先生为《珍本医书集成续编》所作的序，曾刊于《中国医药研究月报》第一卷第九期，1937 年。文中记述了裘吉生先生生平行事与纂辑珍本医书经过。汤士彦(1901～1977)，历任浙江省中医公会理事长、浙江省中医协会常委、《中国医药研究月报》社社长等职。）

世固有怀大志孕奇才之士，论其抱负，足可以平天下之不平，振民族之未振，然及夫天下平矣，民族振矣，而能拂袖朝堂，洁身引退者，则我未之见焉。至谓既辞利禄，而复能不啸嗷烟霞，放情山水，以独善其身，独享其乐，而仍孜孜矻矻，以济人利物为怀者，则我更未之前闻焉。然而今竟有其人也，出乎我所未见未闻之外，是不可不谓为曙后孤星，足耀末俗者矣。伊何人？则吾界绍兴裘吉生先生是。

先生以光华绝俗之姿，怀经文纬武之学。年方弱冠，丁清未造，愤虏廷之颟顸，痛异族之凌辱，慨然有廓清天下之志，与乡人徐烈士锡麟、秋女侠璿卿等，密谋举义，志不后人。及徐殉国、秋成仁，先生以东南注视方严，不能妄动，遂北走蓟辽，约关外健儿，密抗异族，遥为南援。民国成立，光华复旦，昔之于革命有微功小助者，咸沾沾自喜，钻营竞位于新都。先生独仍留辽沈，举办实业，创设医院，致力社会。迨袁氏窃国，力歼异己，关外尤甚。先生乃废然南返，曰：大局未可救，我其以救细民乎！乃就故里设医舍，为人疗疾。复以国有医学盛于汉唐，先贤著述，流散海外，乃遣使走东瀛，搜遗著，悬钜金，徵善本。创三三医社，刊三三丛书。国内外言珍藏善本医书者，咸推先生为巨擘。时先生以政治家、实业家而转为医学家矣。

革命告成，秉政者多沐欧风美雨。卫生行政之权，乃悉操于西医之手，不特国故不彰，甚欲用夷变夏。政权在握，竟有“中医应灭”之狂吠！以是引起“三·一七”全国国医药界在上海之怒吼。先生与余代表浙江，出席会议。在场慷慨陈词，痛哭流涕，得以唤起全国同人之精诚团结。首告奋勇向政院请愿，得故行政院长谭组庵先生之垂许，将一切禁锢中国医药之法令，呈请国民政府蒋前主席允准，完全撤消，使中西医得受同等待遇。先生虽获如所愿归来，犹蹙然以为有此，尚未足以为中医前途光明之保障，乃再接再厉，向中央进创设国医馆之动议。登高一呼，群山响应，各方步骤，异常整齐，以是中央国医馆于二十年三月十七日宣告成立于首都。先生以凡所祈求，胥获应现，然仍恐未足以奠中医前途之础石，欲求复兴，欲求不堕，非从学术方面发扬光大不为功。乃复退居湖滨，整理故籍，编订新知，期臻国有医药学术于至境。事闻于世界书局主人，乃走商先生，请整理补充以之付印，用公当世，而垂后祀。先生以为可，乃约世界书局以是项丛书出版后，应售最低廉之代价，庶使有志研究医药者得不以绌于力而能人手一编，惟此为请，他无所求。世界书局主人体先生嘉惠后学之心，亦毅然允之。先生乃徵同志王心原、刘淡如、楼载诉、董志仁、蒋抡元、赵鑫棠、蔡燮阳、潘健民等为之雠校，复聘记室若干人，为之誊抄，费三年心力而初集成。赓两年而续集付锓。索序于余，余不敢摭拾浮词谤语，以为先生积数十年心血采集搜求之丛书作隔靴之誉。为写先生生平行事与纂辑本书经过，以示范于我同人，而使世之学者，知先生之苦心孤诣，兼以补我篇首所述见闻之陋耳。序云何哉？序云何哉？

（按：本篇之作，绝非阿私所好、普通酬应文字可比。犹忆先生当筹设国医馆之际，擘划进行，夙夜匆懈，奔走京沪，几至废寝忘餐！其于复兴国医药运动之功，不可泯也。为特揭诸本报、以谂当世。民国二十六年六月一日于《中国医药研究月报》社）

六、《皇汉医学丛书续编》曹序

（本文系近代医家曹炳章先生为《皇汉医学丛书续编》所作的序。文中提出：日本医学虽源自中国，但日人重资购归并精校刻印中医古籍名著，研究汉方，并从实验心得归纳以阐扬汉医，实应为国人借鉴。因战乱影响，《皇汉医学丛书续编》虽已由裘吉生先生编辑完成并付梓但终未印行，所以本文也未正式发表，现按遗稿录存。曹炳章（1878～1956），在绍兴创办“和济药局”，编辑《中国医学大成》、《彩图辨舌指南》、《增订伪药条辨》等。）

考日本医学，历代相承，皆宗中国农黄仲景宋元明清诸学派。至明治维新改政，首重卫生，医学亦革新，崇尚西医。然汉医方剂、针灸、按摩诸法，至今仍多沿用。近年虽科学全盛时代，汉方医学反加紧研究。甚且英、德、法、美翻译中国医学本草，亦致力研究。环观我国人，从事实心研究者，反不多觏。凡先贤名著珍本、孤本、未刊稿本，国人多不甚注意。而日人不惜重资购归，精校刻印，故我中国失传之古籍、往往日本多有佳刻足本。如本草一类，中国各省特产之药，日本各有标本精图，且注明中国某县何时采制，而吾国所产地之人，反不知之。其研究汉医药，能归纳众说，比较其得失，鉴别其是非，余敬佩其特识卓见，为吾国人所不及。且其所引各书，每多我国绝版佚本，实为我国医可耻可叹之事。今裘君与余同具此心，历年蒐集国医药孤本珍本，而为亡羊补牢一面校刊供世，以副国医界之研究。际此中医朝野上下佥云研究改进甚嚣尘上，如以日本先我归纳国医学说，及校刊我国已佚孤本，实为现代研究国医所需要，已属当务之急。余友陈君存仁、裘君吉生，皆有见于斯。陈君先将日人归纳之汉医药各书七十余种，汇集刊行，名曰：《皇汉医学丛书》，供世在先。裘君吉生，推而广之，更将国人著作、国内已佚孤本及日人归纳精本孤本，搜集国医切合实用书七十五种，汇为一集，名曰：《皇汉医学丛书续编》，继陈君刊行，后先辉映，两美必彰。其“续编”中，如《素灵一隅》、《素问运气论奥辨正及疏钞》、《神农本草经考异》、《本草图经》、《针灸则》、《针灸说约》、《十四经发挥钞》、《经穴汇解》、《伤寒考》、《伤寒名数解》、《金匮要略注解》等，此皆日人从实验心得所归纳，以阐扬汉医古籍者也。他如《子午流注针经》、《名方类证医书大全》、《评批证治要诀》、《天行厥病论》、《类证辨异》、《外科百效全书》、《幼科百效全书》、《全幼心鉴》、《是斋百一选方》、《御药院方》、《续易简方论》、《续易简方后集》皆我国先哲所著，而国内绝版散佚，裘君皆从日本购归，校勘付印，得重与国人相见，亦一快事也。又如《千金方》真本、《唐卷子本新修本草》、《医心方》悉照原书影印，古色古香，更为可贵。以前欲出重金购求不得之名贵珍本，今不及百分之一代价，得悉数罗置之。将来国医造就之精进，未始非近世创刊之钜著，互有功也。世之钻研国医实学者，或有同情于予言。今裘君全集已告成，与世界学者相见已不远，爰述余之感想与企望，泚笔记之以为序。

民国二十六年七月鄞县曹炳章序

七、《珍本医书集成续编》凡例

（一）《珍本医书集成》出版后，读者多以蒐罗未尽为慊，怂恿续编者，日繁有徒，可见提倡国医、保存古籍，人有同心也。爰再选辑九十九种，名曰：《珍本医书集成续编》。

（二）此次选辑，悉以罕见善本、仅存孤本、未刊稿本、精钞秘本四种为标准。实事求是，固无渐于初志，精益求精，敢引以为自勉。

（三）不切实用、无裨医术之书，虽属难得之本，亦从割爱之例。其经验方书则收辑特多，不特可为医家之参考，亦人人所必备也。

（四）本编凡辑医经类五种，本草类八种，脉学类三种，伤寒类十六种，通治类七种，内科类十二种，外科类七种，妇科类三种，儿科类十一种，方书类十七种，医案类五种，杂著类五种。种数较初编增多，合计各书蒐集之时，价值总在二千数百金之上，今用仿古字体印成，廉价发售，取值不及百分之一。

（五）本编字句均经详细勘定，并加句读。其孤本遗稿，无从对勘者，仍从阙疑之例，未敢擅改，博雅之士，幸自审正。

（六）本编校订之役，多由精深医学诸友任之，均于书端题明，以志不忘。

（七）前编集成，蒙四方知友，惠赐题辞序文。其有寄到已迟，未及刊载者，均列入本编，仅志于此，以表谢忱。

（八）目录编定后，热心医学之士多有以珍贵古籍或名著寄示者，以审校费时，未及编入，当另谋剞劂，以慰厚意。并望海内同志，源源见惠，共襄盛举，幸甚幸甚。

丙子秋裘吉生于杭州三三医社

（编者按：本文为裘吉生先生手书。）

八、《皇汉医学丛书续编》凡例

（一）吾国言医者多重演绎，而古时日本研究汉医反多用归纳，故尝有特知特见，为吾国所未及者。即吾国失传之古籍，经彼邦人士之校刊，亦有谨严不易之本。今从彼邦取归，为之刊布流传，亦学术界之急务也。前陈存仁先生编辑《皇汉医学丛书》，仆以附刊《素问绍识》等书为言，并将平时所录书目列于医籍考之后，而四方学者，即以刊布此中医籍相责。因不避续貂之诮，辄为辑此，名曰《皇汉医学丛书续编》，示不背陈先生编辑之意也。

（二）本编皆名贵珍秘之本，学者所欲得觅而不易得者，不敢谓较初集更精，而孤本秘籍则往往有之。

（三）本编选辑，尤以适于实用为主。凡空洞之论，肤浅之谈，本虽不多，语或惊人，概不收录，期归实益。世有识者，当同情于予言。

（四）本编共分七十五种，计医经类六种，本草类四种，针灸类七种，伤寒金匮类五种，内科类十一种，外科类四种，眼科类一种，妇科类二种，儿科类四种，方书类二十一种，杂著类十种。

（五）本编各书皆经友人之富有学识者分头重校，并加句读、即于书中题明校者姓名，以资纪念。至如《千金方真本》、《唐卷子本新修本草》、《医心方》，悉照原书影印，古色古香，弥可把玩。

（六）本编字体版本与初集无异，使得成为合璧，而取价则特低廉，无非为流通计也。

（七）本编内有数种，为日本原文，承友好为之移译校订，用志于此，藉申谢忱。

（八）编者学殖荒落，选择校勘，容有未善之处，希望四方学者，匡其不逮，幸甚！幸甚！

裘吉生识于杭州三三医社

（编者按：本文为裘吉生先生手书。）

九、《四库全书医家类》例言

（一）《四库全书》为我国学府宝藏，闻名天下。惟因兵燹及他故由七部而仅余三部：其一在风雨飘摇之北平；其一为故宫之物；旅寄海上阅览公开者惟吾浙文澜阁曰浙江图书馆孤山分馆一部也，谓之希世之宝谁曰不宜？

（二）明季《永乐大典》为少副本竟至亡佚，《四库全书》之亟宜流传人尽知之。惟成本浩大故教部谋翻印者数度而未成事实。近虽有《四库珍本》与《四部丛刊》等刻见于市上，要皆一鳞半爪不见全豹。

（三）《四库全书》中医家类四部旧目与儒家同列十进，新法入于应用技术类并重在工艺。之上所收之书都九十七部一千五百三十七卷皆属切合实用之名贵巨著，且多罕见者，设法流传尤亟于全部他类，姑不待言。无锡丁氏独刊其提要良有以也。

（四）编者素抱流通医籍之志，故前由三三医社辑刊古本医书数百种及近为世界书局编行《珍本医书集成》正续刊及《皇汉医学丛书续刊》。对于四库医家类蒐集几逾三十年，迄今荷多方相助始得完备。仍请世界书局仿古字缩印分精装如《珍本医书集成》同式，廉价发行，并可分种单购以期广传。窃思医家刊行医家，经学家、史学家亦能仿此辑印，则《四库全书》可以普遍，全国愚公移山，姑作此想。

（五）本书各部次序悉依《四库全书》原书排定，书端仍题“钦定四库全书”字样，俾不失《四库》面目。

（六）本书各部版悉采精善，部部重加校正句读。即由《四库》原本钞录者亦以他书对证，互加雠勘，无鲁鱼亥豕之误。

（七）本书各提要均用《四库》原文，惟间有应行补正者附按于原文之后，非敢掠美，聊以详证事实已也，识者谅之。

（编者按：本文为裘吉生先生手书。）

十、裘吉生医论选辑目录

1. 论提倡中医中药首宜流通书籍　原刊《绍兴医药学报》第五十四期

2. 本报又一周年之书感　原刊《绍兴医药学报》第八卷第一号（即第八十一期）

3. 新潮与医学　原刊《绍兴医药学报》第十卷第五号（即第一百零九期）

4. 新年之医事杂谈　原刊《绍兴医药学报》第十卷第一号（即第一百零五期）

5. 中西医学评论初集　系裘吉生未刊遗稿

6. 绍兴之医俗　原刊《绍兴医药学报》第四十五至四十九期

7. 素食主义与卫生　原刊《绍兴医药学报》第五十六期

8. 罗谦甫治验案序　原刊《绍兴医药学报》第六十一、六十二期

9. 伏气解序　原刊“绍兴医药学报社”发行之《伏气解》一书

10. 校刊叶氏增订伤暑全书序　原刊《珍本医书集成》内科类《增订伤暑全书》

11. 时瘖初起亦不能误用风寒药　原刊《绍兴医药学报》第十卷第一号（即第一百零五期）

12. 时感证邪热内陷辨　原刊《绍兴医药学报》第十卷第三号（即第一百零七期）

13. 金匮广义序　原刊《三三医报》第二卷第三期

14. 草药图考序　原刊《绍兴医药学报》第五十六期

15. 高氏万应药茶说明书　原刊《三三医报》第一卷第八期

16. 校勘普济方跋　原刊《中国医药研究月报》第一卷第七期

（以上医论已再刊于《近代名医裘吉生医文集》一书）

17. 重刻《人参考》序　原刊《绍兴医药学报》第六十一、六十二期

18. 记日本汉医学家治胃病　原刊《绍兴医药学报》第七卷第一号（即第六十九期）

19. 防疫忠告　原刊《绍兴医药学报》第七卷第十一、十二号（即第七十九、八十期）

20. 《瘟痧证治要略》序　原刊《绍兴医药学报》第七卷第九、十号（即第七十七、七十八期）

21. 两种困难的感想　原刊《绍兴医药学报》第十一卷第十二号（即第一百二十八期）

22. 病家鉴　原刊《绍兴医药学报星期增刊》第一号至第六号

（以上医论已再刊于《裘吉生临证医案》一书）

十一、影印复印件

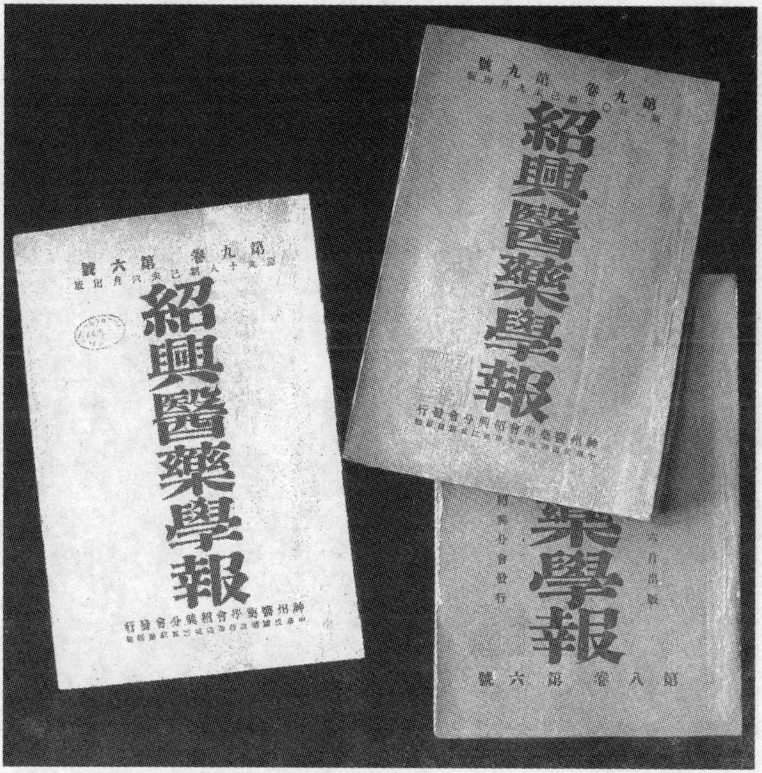

绍兴医药学报

三三医报

三三医书

珍本醫書集成
珍本醫書集成
珍本醫書集成
珍本醫書集成
珍本醫書集成
珍本醫書集成
珍本醫書集成
珍本醫書集成
珍本醫書集成

珍本医书集成

珍本医书集成续编及皇汉医学丛书续编

何氏留案提要

何氏留案二卷。雲深居士所枕藏。上卷為何元長方案。下卷為何書田方案。共有三十八題，約計八百餘案。攷青浦北簳山何氏留家世業內科留。上世如中台、嗣宗、鐵山諸公，皆聲聞江左。說者謂何氏業留上應天讖，故能成名。雖為迷信妄誕之論，要亦家學淵源之所自也。元長名世仁，善望聞之術，治病應手輒效，負盛名三十餘年。其驗方參酌古今，不專一家。據明齋小識謂何氏曾著治病要言四卷，留案二十四卷，嗣君其煒藏之未付梓云。惜哉。下卷之書田方案，即為元長之子名其偉者，初為諸生，專學工詩。因元長卒而繼其業，[illegible]治病與作文，其道本一貫。病者文之題，切脈[illegible]理見，見脈無[illegible]移。方成貴果斷，業傳用某藥，一味不可亂。心靈則手敏。法熟用益便。隨證有新獲，宜為證所難，不見古文家。萬篇萬篇萬變。此亦可占元長之所學矣。文有著留學妙諦二卷，係與留藥學社出版，讀者皆稱道之。本書既為何氏父子之留案，自多何氏之菁華。如元長之案，[illegible]短老練，書田之案，多[illegible]後[illegible]然。而用藥則崇古方而不峻烈，合時方而不空泛。於是知何氏之克享盛名，亦非偶然矣。

裘吉生先生手书的珍本医书提要真迹之一

證治要訣提要

明金華戴思恭，字元禮。嘗受知於文帝，為太醫院院使。集素問、難經、傷寒論及宋元名醫二十二家治雜病之法，著為證治要訣十二卷。而不輕以授人。惟寔隱住持永樂寺僧徵西儲者，極與為方外深交，因得之而未及傳布。值正統辛酉監御史陳巍巡撫浙江西路，乃付以刻傳。卷一為諸中門，卷二為諸內傷門，卷三曰諸氣門，卷四諸血門，卷五諸瘧門，卷六諸嗽門，卷七寒熱門，卷八大小腑門，卷九虛損門，卷十拾遺門，卷十一瘡毒門，卷十二婦人門。門類清晰，要言不煩，於臨證時檢查甚便。王肯堂之證治準繩，蓋仿此而作者。

裘吉生先生手书的珍本医书提要真迹之二